Ich mache keine Diät mehr!

Karin Lobner

ICH MACHE KEINE DIÄT MEHR

Wie Abnehmen durch Loslassen von Frust und Stress gelingen kann

kneipp verlag
WIEN

Impressum

ISBN: 978-3-7088-0515-3

Lobkowitzplatz 1, A-1010 Wien
www.kneippverlag.com

Bildnachweis: iStockphoto außer S. 13 © Peter Barci

Autorin: Mag. Karin Lobner, www.gefühlsküche.at
Projektleitung | Lektorat: Sonja Franzke, www.vielseitig.co.at
Umschlag | Grafische Gestaltung: Silvia Wahrstätter, www.buchgestaltung.at
Druck: General Druckerei GmbH, Ungarn

1. Auflage, März 2011

Inhalt

EINBLICK

Je mehr wir über gesunde, die Schlankheit fördernde Ernährung wissen, umso größere Gewichtsprobleme haben wir. Wer versucht, sich richtig zu ernähren, um schlank zu werden oder zu bleiben, dem schwirrt schnell der Kopf. Irgendetwas ist immer gerade das Top-Ernährungsthema. Gute Kohlenhydrate, schlechte Kohlenhydrate? Am Abend nur Eiweiß? Zu Mittag ein Sojaburger? Nach zahlreichen Diäten stellt man beim Blick auf die Waage fest – je mehr man sich bemüht, das Idealgewicht zu erreichen, umso mehr legt man an Gewicht zu. Nur ein verschwindend kleiner Prozentsatz der Menschen, die durch Diäten abnehmen wollen, erreicht das Ziel auch tatsächlich. Und von den wenigen nehmen im Lauf der Zeit fast alle das Gewicht wieder zu.

Vergessen Sie alle Diäten. Ausnahmslos. Kalorienzählen, das Unterscheiden von „guten" und „bösen" Lebensmitteln und Hungerkuren führen Sie keinen Schritt weiter. Das Einzige, was Sie dabei verlieren, ist die Lebensfreude. Fangen Sie stattdessen an, Freude am Leben zu entwickeln und Gewicht zu reduzieren.

Zusammenhänge zwischen Frust und Stress und Essverhalten

Dieses Buch wird Ihnen dabei helfen, die Zusammenhänge zwischen Frust und Stress und Ihrem Essverhalten zu verstehen. Mit kleinen Lebensstil-Veränderungen werden Sie glücklicher und attraktiver. Ganz nebenbei wird es Ihnen möglich, Ihr Gewicht leichter zu halten bzw. zu reduzieren.

Der Verführungskunst von Essen entkommen.

Essen ist eine zutiefst emotionale Angelegenheit. Der Wille und die Vernunft, abnehmen zu wollen, reichen nicht aus. In diesem Buch finden Sie nicht nur die Hintergründe, warum Gefühle beim Essen ganz wesentlich das Sagen haben, Sie bekommen auch Tipps und Tricks, wie Sie der Verführungskunst von Essen entkommen und Lust auf Bewegung entwickeln. Ihre Experimentierfreude wird angeregt, weil die Förderung guter Gefühle beim Erreichen oder Halten des persönlichen Wohlfühlgewichts genauso hilft wie die Entwicklung von Genussfähigkeit.

Abnehmen ist oft leichter, als das Gewicht zu halten.

Dieses Buch eignet sich aber auch, wenn Sie Ihr „Gewicht halten" wollen. Oft fällt das Abnehmen leichter, als dann das Gewicht stabil zu halten. Wer unter starken Gewichtsschwankungen leidet, sollte zuerst versuchen, eine Stabilisationsphase über mehrere Monate zu üben, und erst zu einem späteren Zeitpunkt eine Reduktion versuchen. Auch wer durch Lebensereignisse seelisch stark belastet ist, sollte versuchen, weder ab- noch zuzunehmen und einen günstigeren Zeitpunkt zum Einsteigen abzuwarten. Die Gründe dafür finden Sie in diesem Buch.

Anleitung, den persönlichen Weg zu finden

„Ich mache keine Diät mehr" ist kein psychologischer Ratgeber, kein Ernährungslehrbuch und keine Bewegungsanleitung – es ist alles in einem. Weil der Mensch auch alles in einem ist.

Definitiv ist es keine neue Diät, die Sie nur richtig machen müssen, um endlich das Traumgewicht zu erreichen, sondern vielmehr eine Anleitung, Ihren persönlichen Weg dazu zu finden.

Teil 1 FAKTEN UND MYTHEN ZUM ÜBERGEWICHT

Das Bilanzproblem

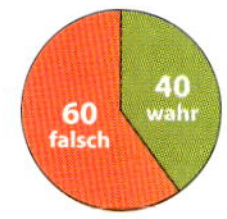

Eigentlich logisch: Wer mehr isst, als er durch Bewegung verbrennt, muss das zu viel Gesammelte speichern. Vorzugsweise in den Fettdepots an Bauch und Hüften oder anderen unbrauchbaren Stellen. Umgekehrt: ***Wer mehr verbrennt, als er Energie zuführt, leert seine Speicher und verringert damit den Körperumfang.*** So kurz und einfach könnte das „Problem" Übergewicht erklärt werden, würde die Tücke nicht im Detail stecken.

Der Körper ist in der Lage, sich Umweltbedingungen anzupassen und entweder sehr sparsam oder verschwenderisch mit Energie in Form von Kalorien umzugehen. Ist gerade weniger Energie verfügbar, weil Hungersnot, sprich „***Diätzeit***", ist, wird sofort auf einen ***sparsamen Stoffwechsel*** umgeschaltet. Für die grundlegenden Funktionen, wie das Weiterwachsen der Haare, die Arbeit der Organe oder das Denken, wird dann weniger Energie verbraucht als zu „Normalzeiten". Das funktioniert auch bei den menschlichen Modellen, die schon von Natur aus mit wenig Energie über die Runden kommen. Also den „Sparsamen", sogenannten guten FutterverwerterInnen, die von jeher dazu neigen, an Gewicht zuzulegen. Und wäre das allein nicht schon ein komplexes Thema, gibt es noch ***Befindlichkeiten wie Stress***, ***Langeweile***, ***Freude*** u. Ä., – die auch Anteil daran haben, ob man mit seiner Energiebilanz eher im positiven oder im negativen Bereich liegt. Und da haben wir noch gar nicht über ***Hormone*** und andere ***Stoffwechselphänomene*** gesprochen, die ebenfalls ihren Beitrag leisten. Die Ursachen, warum manche Menschen übergewichtig werden und andere nicht, sind so vielfältig wie die Unterschiede der Menschen selbst. Das erklärt, warum wir noch immer auf das allein glücksbringende Allheilmittel, sprich: die Wunderdiät warten müssen.

Die Wunderdiät muss warten.

Der moderne Lebensstil fördert das Zuviel an Energie.

Mittlerweile gilt es als gesichert, dass die ***Zahl der übergewichtigen Menschen*** zunimmt. Und das, obwohl es Ernährungspyramiden gibt, die erklären, wie man zu essen hat, und jedes Jahr mehrere neue Diätkonzepte präsentiert werden.

Am mangelnden Wissen kann es also nicht liegen, das beharrliche Scheitern des Projekts „Gewichtsreduktion". ExpertInnen sind sich einig: Der moderne Lebensstil eines energiesparenden Alltags einerseits und die Verfügbarkeit von Lebensmitteln mit hoher Energiedichte rund um die Uhr auf der anderen Seite machen es uns zu leicht, eine positive Energiebilanz zu erreichen. Das ***Zuviel an Kalorien*** ist eine notwendige ***Voraussetzung*** für das ***Entstehen von Übergewicht***. Seit jeher werden Nahrungsaufnahme und körperliche Bewegung mit der Entstehung von Übergewicht in Verbindung gebracht. Schon 1825 beschreibt der französische Gastrosoph Jean Anthelme Brillat-Savarin die absoluten Grundpfeiler der Übergewichtbehandlung so: ***„Zurückhaltung beim Essen, Mäßigung beim Schlafen und Anstrengungen zu Fuß oder zu Pferd"***.

Jean Anthelme Brillat-Savarin wurde durch sein Buch über die „Physiologie des Geschmacks" bekannt. Dieses Lehrbuch der zeitgenössischen Esskultur und Tafelfreuden erschien 1825 und wurde in den folgenden Jahrzehnten mehrfach gedruckt. Es befand sich in den Bibliotheken aller vornehmen Haushalte.

Wer mehr Energie zuführt, als er verbraucht, nimmt zu.

Dass an der ***Energiebilanz*** etwas dran ist, lehrt die Erfahrung. In Jahren der Nahrungsmittelknappheit gab es kein Übergewicht. Ebenso funktioniert die weit verbreitete Variante der Hungersnot, die Null-Diät. Auch LeistungssportlerInnen, die ihren Sport aufgeben, nehmen oft rasch an Gewicht zu. Diese plausiblen Beobachtungen legten das Fundament für die verkürzte Formulierung „Wer mehr Energie zuführt, als er verbraucht, nimmt zu".

Eine Rechnung macht es deutlich: Wer täglich 100 kcal zu viel isst (z. B. eine Banane), müsste innerhalb eines Jahres 5,2 kg an Gewicht zunehmen. Und das über 40 Jahre ergäbe eine Gewichtszunahme von 208 kg. Nur wegen einer Banane täglicher „Zusatznahrung". Dass diese einfache, lineare Hochrechnung nicht stimmen kann, liegt auf der Hand.

Der ***Erklärungswert des Bilanzprinzips*** ist für die Entstehung von Übergewicht ***sehr eingeschränkt***, weil dabei die ***Ursachen*** nicht verstanden, sondern vielmehr nur ***trivialisiert*** werden. Die Suche nach Therapiemöglichkeiten der vergangenen Jahrzehnte ging daher in die Richtung herauszufinden, warum übergewichtige Menschen überdurchschnittlich viel essen – ohne zunächst zu fragen, ob sie wirklich mehr essen. Die ***Entstehungsgeschichte***, ***warum*** Menschen ***übergewichtig werden*** und bleiben, ist also eher als ***ungeklärt*** einzustufen. Das vereinfachte Bilanzprinzip, dass Gewichtszunahme ausschließlich aufgrund überdurchschnittlicher Kalorienzufuhr entsteht, ist in dieser Vereinfachung nicht haltbar. Daraus wird deutlich: Eine Therapie, die ausschließlich auf die Reduktion der Nahrungsaufnahme setzt, ist zum Scheitern verurteilt.

Eine Therapie, die nur auf Reduktion der Nahrung setzt, ist zum Scheitern verurteilt.

Fazit: *Wer Gewicht reduzieren will, kommt nicht daran vorbei, Energie einzusparen. Reduktionsdiäten allerdings, bei denen man „nur genug wollen muss", sind nur für sehr wenige Menschen geeignet.*
Langzeitresultate von Gewichtsprogrammen, die eine Verhaltensänderung anpeilen, zeigen, dass nur rund 10 Prozent der TeilnehmerInnen ihr Zielgewicht dauerhaft erreichen.

Der Body-Mass-Index

Ob das Gewicht im richtigen, als ***Normalgewicht*** bezeichneten Bereich liegt, ist ***nur auf den ersten Blick leicht zu ermitteln***. Die derzeit am häufigsten verwendete Formel ist der „Body-Mass-Index" (BMI).

Der ***BMI*** wird berechnet, indem man das ***Körpergewicht*** durch die ***Körpergröße im Quadrat dividiert***.

Ein Beispiel für eine erwachsene Frau, die 70 kg wiegt und 1,75 m groß ist: BMI = 70 kg / (1,75 x 1,75) = 70/3,06 = 22,9

Die ***WHO*** (World Health Organization) klassifiziert ***Untergewicht***, ***Übergewicht*** und ***Adipositas*** (schweres Übergewicht) wie folgt:

Risiko für Begleiterkrankungen des Übergewichts

Untergewicht	< 18,5	niedrig
Normalgewicht	18,5 – 24,9	durchschnittlich
Übergewicht	25,0 – 29,9	gering erhöht
Adipositas (starkes Übergewicht)	> 30,0	erhöht bis sehr hoch

Der BMI ist allerdings nur ein Teil der Wahrheit. ***Was die Berechnung*** nämlich ***nicht berücksichtigt***, ist, ob ***das Gewicht vom Fettgehalt*** oder ***der Muskelmasse*** des Körpers bestimmt wird**.** So können z. B. KraftsportlerInnen durchaus einen BMI von 25 und mehr haben, dennoch besteht in diesem Fall kein Handlungsbedarf, da relativ wenig Körperfett vorhanden ist. Noch weniger wissen wir über die ***gesundheitsrelevante Körperfettverteilung***, wenn wir den BMI ausrechnen. Frauen neigen klassischerweise zur „***Birnenform***“: Die Fettdepots sitzen an Oberschenkel, Hüfte und Po, während die männliche Fettverteilung den „***Apfeltyp***“ bevorzugt. Apfeltypen zeigen eine Zunahme am Bauch. Ein ***hoher Bauchfettanteil*** ist ein ***Risikofaktor*** für ***Herz-Kreislauferkrankungen***, Diabetes und Bluthochdruck – das gilt für Männer und Frauen. Die Birnenformen dürfen sich freuen, sie haben eher ein kosmetisches Problem als ein erhöhtes Gesundheitsrisiko. Der ***Nachteil der Birnenform***: Diese Fettreserven sind nur mit großer Mühe und ***sehr langwierig reduzierbar***. Im Gegenzug dazu ist das Gewebe um den Bauch sehr stoffwechselaktiv, d. h. es findet ein ständiger Austausch von Fettsäuren statt, die leicht ins Blut wandern und dort zu erhöhten Blutfetten führen. Richtwert: Zwei Zentimeter weniger Bauchumfang sind besser für den Körper als zwei Kilogramm weniger auf der Waage.

Zwei Zentimeter weniger Bauchumfang sind besser als zwei Kilogramm weniger

Wer schon viele Diäten hinter sich hat, hat wahrscheinlich das Verhältnis zwischen Muskelmasse und Körperfett in Richtung des

Körperfetts verschoben. Denn ***oft*** werden durch ***Diäten Wasser*** und ***Muskelgewebe abgenommen***, das ***Körperfett*** selbst ***bleibt*** aber meist ***verschont***. Der Haken: Je größer der Körperfettanteil, desto geringer der Energieverbrauch, denn Muskeln benötigen mehr Energie als Fett. D. h., je mehr Diäten bereits gemacht wurden, umso schwieriger wird es, Gewicht zu reduzieren.

Je mehr Diäten gemacht wurden, umso schwieriger wird es, Gewicht zu reduzieren.

Übergewicht mit einem ***BMI zwischen 25 und 29,9*** sollte ***konstant*** gehalten und eine weitere Gewichtszunahme verhindert werden. Liegt allerdings gleichzeitig eine ***übergewichtsbedingte Gesundheitsstörung*** (z. B. Hypertonie, Diabetes Typ 2) oder ein „***Apfeltyp***" vor, sollte ***Gewicht reduziert*** werden. ***Ab einem BMI von 30*** gilt dies in jedem Fall. Allerdings lässt sich mit dem BMI nur bedingt eine Aussage darüber treffen, wie gesund jemand ist.

Noch einen „Haken" hat die BMI-Formel: Laut WHO-Klassifikation gelten die Grenzwerte für alle Erwachsenen, egal wie alt jemand ist und ob Mann oder Frau. Auch ethnische Gruppen werden derzeit noch nicht berücksichtigt. In den letzten Jahren sind allerdings immer wieder Studien erschienen, die zeigen, dass Menschen mit einem BMI von mehr als 30 kg/m^2 in späteren Lebensjahren gegenüber ihren normalgewichtigen Alterskollegen einen Überlebensvorteil haben. Es könnte durchaus sein, dass sich der BMI nur bedingt zur Klassifizierung von Normalgewicht über alle Altersstufen eignet. Durch die Ausdünnung der Bandscheiben mit fortschreitendem Lebensalter schrumpfen Männer zwischen dem 30. und 80. Lebensjahr bis zu 5 cm, Frauen um 8 cm. Dadurch steigt der BMI um 1,5 bis 2,5 kg/m^2, ohne dass sich das Gewicht dabei deutlich verändert.

Die Universität Hohenheim gibt „***wünschenswerte***" ***BMI-Werte*** für verschiedene Altersgruppen wie folgt an:

Alter	***BMI***
19 – 24 Jahre	19 – 24
25 – 34 Jahre	20 – 25
35 – 44 Jahre	21 – 26
45 – 54 Jahre	22 – 27
55 – 64 Jahre	23 – 28
> 64 Jahre	24 – 29

Für Kinder und Jugendliche gelten übrigens eigene Werte, die in BMI-Kurven geschlechts- und altersspezifisch abgelesen werden können. Informationen darüber bekommt man bei der Kinderärztin bzw. beim Kinderarzt.

Gute und schlechte Fettverteilung

Fett an den Hüften schützt gegen Herz-Kreislauferkrankungen.

Der BMI gibt keine Auskunft, ob sich das Fett mehr am Bauch oder an Po und Hüfte angesammelt hat. Die Fettverteilung spielt jedoch eine ganz wesentliche Rolle bei der Entstehung von Herz-Kreislauf-Erkrankungen. Denn offensichtlich ist nicht die Menge, sondern die **Verteilung des Körperfetts** entscheidend für ein bestimmtes **Krankheitsrisiko**. Der Speck um den Bauch, also um die Taille, kann schädliche Fettsäuren abgeben, die Entzündungen fördern können, während das Fett an Hüfte, Oberschenkel und Po nach jüngsten Erkenntnissen sogar eine schützende Wirkung gegen Herz-Kreislauferkrankungen hat. Darüberhinaus scheint das **Bauchfett** einen

Menschen, die einen großen Taillenumfang haben, neigen dazu, „nicht aufhören zu können".

besonderen Einfluss auf das ***Hunger- und Sättigungsempfinden*** zu haben. Menschen, die einen großen Taillenumfang haben, neigen eher dazu, beim Essen „nicht aufhören zu können", und eine besonders große ***Vorliebe*** für ***fette Lebensmittel*** an den Tag zu legen. Das Hüftfett dürfte kaum einen Einfluss in diese Richtung haben.

Dementsprechend versuchen Wissenschaftler ein idealeres Maß als den BMI zu finden, um die realen Verhältnisse und Risiken widerzuspiegeln.

In Diskussion ist das ***Taille-zu-Größe-Verhältnis*** (Waist-to-Height Ratio, WHtR). Man dividiert dazu die ***Taille*** in cm ***durch*** die ***Größe*** in cm. Ein Beipiel: Eine 35-jährige Frau hat eine Taille von 88 cm und ist 170 cm groß – der WHtR beträgt 0,5. Bis zum 40. Lebensjahr sollte der WHtR max. 0,5 sein, ab dem 40. Lebensjahr 0,6.

Fazit: *Der BMI bietet eine Orientierungshilfe für einen Gewichtsbereich an, in dem man sich wiederfinden sollte. Dennoch sind Sie nicht automatisch gesünder oder kränker, wenn Ihr BMI um 1–2 kg/m^2 nach unten oder oben abweicht. Geeigneter, auf ein Gesundheitsrisiko aufmerksam zu werden, ist das Taille-zu-Größe-Verhältnis (WHtR). Denn die Fettverteilung hat einen wesentlichen Einfluss auf das Herz-Kreislauf-Erkrankungsrisiko. Auch das Hunger- bzw. Sättigungsempfinden wird von der Fettverteilung im Körper beeinflusst.*

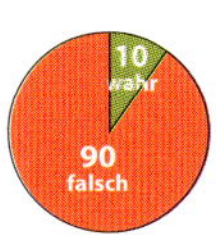

Die ausreichende Willenskraft

Reicht es, „wollen zu müssen"?

Rund 40 Prozent der abnehmwilligen Frauen sagen, es würde ihnen an ausreichend starker Willenskraft fehlen, gesünder zu leben. Weitere 40 Prozent geben an, es würde ihnen an Zeit fehlen. Reicht es tatsächlich, „nur wollen zu müssen"? Und scheitert der Rest daran, einfach nur willensschwach zu sein?

Starkes ***Übergewicht*** wird von der Gesellschaft gerne als das Ergebnis von ***Bequemlichkeit*** und mangelnder ***Durchhaltefähigkeit*** gesehen. Untersuchungen zeigen, dass bereits Kindergartenkinder ein negatives Bild stark übergewichtiger Personen verinnerlicht haben.

Wir leben mit der genetischen Ausrüstung eines Steinzeitmenschen in einer Überflussgesellschaft. Unser Gehirn erkennt wie damals vorausschauend alle möglichen Gefahren, die unser Leben bedrohen können. Die größten Gefahren der Steinzeit waren, zu verhungern oder gefressen zu werden. Unser Gehirn hat sich so gerüstet, dass beides möglichst nicht eintritt. Allerdings haben wir keine Gehirnfunktion entwickelt, wie wir mit dem unerschöpflichen Angebot an gut riechenden und verführerisch aussehenden Speisen umgehen sollen. Eine Bedrohung für Leib und Leben durch Überfluss ist für die Steuerung der Nahrungsaufnahme im Gehirn schlichtweg unvorstellbar. Im Gegenteil: Unsere ***Programmierung*** aus der Steinzeit begünstigt die ***Anlage von Fettdepots*** und verteidigt ihren Erhalt mit großer Vehemenz. In der Steinzeit waren sportliche Aktivitäten unüblich, man bewegte sich nur – das aber wahrscheinlich mehr als ausreichend – zum Nahrungserwerb, wie dem Jagen und Sammeln. Die Entwicklung findet man heute bei Fast-Food-Drive-Ins auf die Spitze getrieben: Man fährt mit dem Auto bis an den Burger heran

und verbrennt somit keine einzige Kalorie „unnötig". Unsere Steinzeitverwandten hätten ihre Freude.

Heute aber treiben wir ***Sport***, um uns fit zu halten und weil es uns ***Spaß*** macht, uns mit anderen zu ***messen*** oder dabei die ***Natur*** zu ***genießen***. Der Genuss wirkt dabei positiv auf den Körper. Dieser positive Stress oder „Eustress" unterstützt den Organismus. Wenn aber ein übergewichtiger Mensch versucht, sich bis zur Erschöpfung zu belasten, weil er seine Energiebilanz verbessern möchte oder an einem Gewichtsreduktions-Programm teilnimmt, bei dem Bewegung Therapiebestandteil ist, so führt dies zu „***Disstress***". Disstress wirkt negativ. Den Entschluss: „Ich muss jetzt sofort viel abnehmen, weil der Arzt/die Ärztin mit Diabetes und Herzinfarkt droht" interpretiert das Unbewusste als „Disstress".

Der Körper reagiert so, wie er es in der Steinzeit gelernt hat – das ***Notprogramm wird gestartet***. Stresshormone werden ausgeschüttet und der Appetit wird hochgeschraubt, um schnell noch Reserven einlagern zu können. Diese ***appetitanregenden Stresshormone*** werden bei jeder Art von ***negativem Stress aktiviert*** – egal ob man Streit mit dem Partner hat, Sorgen um die Kinder oder Angst um den Job. Denn eigentlich wird dem Körper signalisiert: „Sammle schnell Energie, jetzt wird es anstrengend." Gemeint ist die körperlich anstrengende Jagd, das nächste Abendessen sicherzustellen. Dass es sich in Wirklichkeit um den Verkehrsstau von der Büroarbeit nach Hause zum Fernseher handelt, ist dem Gehirn gerade egal. Die vom Gehirn angeforderte überschüssige Kalorienzufuhr über vermehrten Appetit wird ohne weitere körperliche Betätigung zu dem Zuviel an Kilos an Bauch und Hüfte.

Sozialer Druck, nicht der Norm zu entsprechen

Menschen mit Übergewicht sind aber auch einer anderen Form von „Disstress" ausgesetzt. Nämlich dem sozialen Druck, nicht der „Norm" zu entsprechen. Das gängige Schönheitsideal ist schlank und sportlich. Wer da nicht dazupasst, muss mit schiefen Blicken, aber auch Ausgrenzungen umzugehen lernen. Die gesellschaftlichen Folgen sind nicht nur eine schwierigere Partnerwahl oder schlechtere Chancen bei der Jobsuche. Man hat ständig das Gefühl, sich für das Gewicht rechtfertigen zu müssen. Nicht selten wird Essen in der Öffentlichkeit gemieden, um nur ja nicht als „willenlos" und „zügellos" zu gelten. Diese ***Vorurteile*** sind ebenfalls ***psychischer Disstress*** und ***wirken auf die Hunger- bzw. Appetitsteuerung*** genauso, wie wenn man dem gefährlichen Raubtier gegenüberstünde.

Das Gefühl, sich für das Gewicht rechtfertigen zu müssen

Eustress = guter Stress; Belastungen, z. B. durch körperliche Aktivität, die Freude macht, geistige Anforderungen, positive Lebensereignisse.

Disstress = negativer Stress; überhöhte Belastungen, z. B. durch Lärm, Zeitdruck, negative Lebensereignisse.

Die Verantwortlichkeit für die Kontrolle des Energiehaushaltes ist auf ***verschiedene Hirnregionen*** verteilt. Dies wird deutlich, wenn man bedenkt, wie unterschiedlich Appetit gesteuert werden kann. ***Anblick*** und ***Geruch*** verführen zum ***Zugreifen***, aber auch das Essen in ***Gesellschaft*** und angenehmer ***Atmosphäre***, sogar die Wirtsrechnung können einen wesentlichen ***Einfluss*** auf den ***Appetit*** haben. Im Gehirn sind Teile, die für das ***Denken*** zuständig sind, genauso gefordert, wenn es um den Appetit geht, wie Teile, in denen unsere ***Gefühle*** und das Langzeitgedächtnis gespeichert sind. Die Hirnareale verständigen sich untereinander und mit dem restlichen Körper über komplexe Regelsysteme. Das ***Gehirn*** verarbeitet nicht nur Daten aus der ***aktuellen Energieversorgung***, sondern versucht auch eine vorausschauende ***Planung*** der ***Energiezufuhr***. Dazu werden gespeicherte Langzeiterfahrungen wie die Häufigkeit der Mahlzeiten, die gegessenen Mengen und die Zusammensetzung der Speisen ausgewertet. Die ***bevorstehende Prüfung*** oder eine ***geplante Wanderung*** liefern dem Gehirn die Information, ob eine größere Kraftanstrengung wäh-

rend der nächsten Tage eine ***vermehrte Nahrungsaufnahme*** notwendig macht. Dies geschieht unbewusst, also ohne dass es willentlich steuerbar ist. Aber auch das Wissen über die nächste stressige Arbeitswoche wirkt sich auf die Appetit-Planung des Gehirns aus. Von wegen ... „wir müssen nur wollen".

Das Wissen über die nächste stressige Arbeitswoche wirkt sich auf die Appetit-Planung des Gehirns aus.

Üblicherweise ist die individuelle Programmierung durch die Lebensgewohnheiten so optimiert, dass die Signale der Nahrungsaufnahme entsprechend in die Steigerung oder Verminderung der Nahrungsmenge umgesetzt werden. Damit ist unser Gehirn unter „normalen" Bedingungen in der Lage, vorausschauend die erforderliche Kalorienzufuhr zu kalkulieren und die Energiebilanz ausgeglichen zu halten. Erst die Störung dieser Regelkreise (durch schwierige Lebensumstände) lässt das Körpergewicht ansteigen. Sättigungssignale werden nicht mehr erkannt und vermehrte (falsche) Hungersignale werden vom Gehirn wahrgenommen. Die ***Störung des Gleichgewichts*** kann durch ***anhaltende psychische Faktoren***, wie Stresssituationen, erfolgen, aber auch durch eine längerfristige Überernährung – die oft wiederum die Folge von belastenden Lebensumständen ist. Sorgen und Ängste, die über einen langen Zeitraum bestehen, wirken also auf das Hunger- und Sättigungsgefühl eines Menschen. ***Wer chronisch unter Spannung steht, entwickelt ein größeres Hunger- und ein schlechtes Sättigungsgefühl, obwohl der Körper ausreichend mit Energie versorgt ist.*** Die persönliche Gefühlssituation hat also einen wesentlichen Effekt darauf, ob Gewicht zugenommen wird und ob eine Gewichtsreduktion erfolgreich sein kann.

Erst die Störung der Regelkreise lässt das Körpergewicht ansteigen.

Sorgen und Ängste wirken auf Hunger- und Sättigungsgefühl.

Fazit: *Zugegeben: Ohne Willenskraft lässt sich das Vorhaben, Gewicht zu reduzieren, nur schwer meistern. Dennoch werden die bewusst steuerbaren Prozesse überschätzt. Das Gehirn steuert unter unserer Wahrnehmungsschwelle hinweg Hunger, Appetit und Sättigung. Dem kann kaum willentlich gegengesteuert werden.*

Die richtige Diät

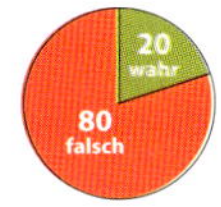

Irgendetwas läuft falsch, immer mehr Menschen interessieren sich für Ernährung, kaufen Schlankheitsmittel und machen Diäten. Immer mehr Menschen werden übergewichtig. Es scheint, als würde das Lesen von Diätratgebern das Übergewicht erst recht fördern. Dabei würden wir die Versprechen, schnell abzunehmen, ohne etwas dazu tun zu müssen, so gerne glauben. Wenn der gewünschte Gewichtsverlust nicht eintritt, schließen viele daraus, dass es an ihnen liegt, nicht aber an dem Produkt oder der Diät. Die Folge: ***Enttäuschung, Frust und Selbstzweifel*** und damit negativer Stress, der nicht selten mit ***Essattacken*** bekämpft wird. Bis zur nächsten Diät oder dem nächsten Wundermittel. Die Hoffnung stirbt zuletzt, doch noch die einzig wahre, wirksame Diät zu finden.

Das Lesen von Diätratgebern fördert das Übergewicht.

Je exotischer die Erklärungsansätze sind, desto erfolgreicher verkaufen sich Diätratgeber. Immerhin hat man vieles schon versucht, also kann nur noch der bislang fehlende magische Zusammenhang daran schuld sein, dass man es noch nicht geschafft hat. Je skurriler das Konzept, umso „besser". Essen nach der Blutgruppe, Augenfarbe oder dem Sternzeichen – endlich ist die Erklärung gefunden, warum es bis jetzt noch nicht geklappt hat. Auch der Dauerschlager Trennkost oder die wiederauferstandene Atkinsdiät sind dazu geeignet, Hoffnung bei Abnehmwilligen zu schüren. Alle haben eines gemeinsam: ***scheinbar einfache Erklärungsansätze***. Jede Diät hat ihre Lieblingslebensmittelgruppe, die zum Bösewicht erklärt wird. „Gut/Böse" – so einfach kann's funktionieren, und wer es damit nicht schafft, ist selbst schuld oder leidet an mangelnder Willenskraft. Doch bei genauerer Betrachtung findet man gravierende Mängel in den einzelnen Erklärungsansätzen. Wer damit dennoch (meist kurzfristigen) Erfolg hat, profitiert von der negativen Kalorienbilanz. Was Diäten können, ist, Essen bewusst machen – wer Kohlenhydrate und Eiweiß auf dem Teller tren-

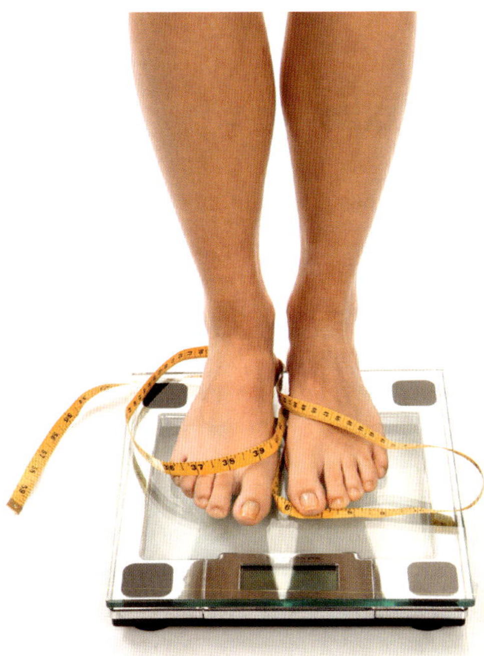

Was Diäten können, ist, Essen bewusst machen.

nen muss, muss sich mit dem, was er gerade isst, auseinandersetzen. Auch wer es sehr kompliziert angeht, wird einen kurzfristigen Effekt verspüren. Wenn man nur essen darf, was zur Augenfarbe passt, wird die Lebensmittelsuche zur Herausforderung. Spontan zwischendurch ein Stück Pizza oder sogar Obstsalat wäre aufgrund zu großer Farbvielfalt „verboten". Also bleibt nur ein gezielt geplanter Speiseplan mit wenigen erlaubten Lebensmitteln übrig. Damit wird die Suche nach Essbarem ähnlich anstrengend wie in der Steinzeit. Ein gewisser Gewichtsverlust ist denjenigen mit langer Ausdauer sicher. ***Die Information, was gegessen wird, gelangt ins Bewusstsein, was oft alleiniger Faktor für eine Gewichtsabnahme ist.*** Nebenbei schnell ein Kebab oder ein Stück Pizza, gibt es dann nicht. Meistens ist das aber nicht von allzu langer Dauer, weil auch die unbewussten Mechanismen gerne ein Wort mitreden. Dem Körper ist es wichtiger, die Reserven für den nächsten Engpass zu behalten, als in die Hose mit kleinerer Kleidungsgröße zu passen.

Menschen, die auf Diät sind, sind besonders anfällig dafür, besonders viel zu essen.

Heißt das also, ***besser irgendeine Diät*** machen und damit kurzfristig ein paar Kilos zu verlieren, ***als gar nicht? Leider nein.*** Denn erstens sind Menschen, die gerade auf Diät sind, besonders anfällig dafür, besonders viel zu essen. Nämlich an Tagen, an denen die Diät aus irgendeinem Grund nicht so gut läuft. Die Kollegin hat Geburtstag und Brötchen und Torte mitgebracht. Naja, immerhin man soll die Feste feiern, wie sie fallen. Die Diät wird unterbrochen – und weil der Diättag sowieso schon im Eimer ist, greift man beim Abendessen dann noch besonders üppig zu, am nächsten Tag steht dann wieder Kohlsuppe auf dem Programm.

Abnehmen wird von Diät zu Diät schwieriger.

Der zweite Effekt ist, dass Diäten, vor allem wenn sie einseitig sind – wie die erwähnte Kohlsuppendiät – nicht lange durchgehalten werden. Spätestens am dritten Tag kann man selbst und die Umgebung Kohlsuppe nicht mehr riechen. Natürlich ***verschwinden*** bei ***Radikalmaßnahmen*** die ***Kilos***. Meistens allerdings ***nicht an den gewünschten Stellen***, sei angemerkt. Die abgenommenen Kilos sind meistens ***Wasser*** und ***Muskelmasse***. Außerdem signalisieren Sie dem Körper: ***Achtung, Hungersnot!*** Was passiert? Alle Sensoren (Augen, Nase) werden auf „Essen" programmiert. Der Appetit nimmt zu. Gleichzeitig stellt der Körper auf Sparflamme. Ab sofort werden alle Körperfunktionen besonders sparsam ausgeführt. Ist die Hungersnot, sprich Radikaldiät, wieder beendet, bleibt der Körper mal vorsorglich im Sparflammen-Modus. Man weiß ja nie, wann die nächste **Hungersnot** droht. Außerdem lagert er sicherheitshalber noch ein bisschen mehr **Vorrat** ein. Sicher ist sicher. Es versteht sich von selbst, dass es sich bei dem Vorrat um **Fettdepots** handelt und nicht um die abgenommene Muskelmasse. Damit wird das Abnehmen von Diät zu Diät schwieriger. Das Selbstbewusstsein sinkt in den Keller – hätte man doch nur die richtige Diät gemacht und ausreichend Willensstärke gehabt.

Fazit: *Wir leben in einer komplizierten Ess-Welt, simple Erklärungsmuster werden daher gerne angenommen. Naheliegend, dass unter diesen Voraussetzungen sehr schnell das Prinzip „Diät" als Lösung herhalten muss. Die überwiegende Zahl an Diäten ist allerdings für die meisten Menschen nicht geeignet, das Übergewicht tatsächlich in den Griff zu bekommen. Die gute Nachricht: Gewichtsfreundliches Essen ist weder kompliziert, noch braucht es magische Erklärungen, um zu funktionieren.*

Das perfekte schlanke Leben

„Wenn ich 20 kg weniger habe, …
… werde ich endlich den Mann/die Frau fürs Leben finden
… gehe ich regelmäßig ins Fitnessstudio
… trage ich wieder Röcke und Kleider
… kann ich endlich meinen alten Job kündigen
… würde ich wieder mehr ausgehen
… wäre ich selbstbewusster
alles in allem: … dann wäre ich rundum glücklich!

Nur wer superschlank ist, ist schön, erfolgreich und „in".

Zugegeben, die **Schlankheitsindustrie** versteht es, **Bedürfnisse zu wecken**, die eigentlich gar keine sind. Zufriedenen Molligen, die sich gesundheitlich noch eindeutig im grünen (Gewichts-)Bereich befinden, wird durch Modezeitschriften und Werbung eingeredet: Nur wer superschlank ist, ist schön, erfolgreich und „in". Der Vergleich mit den superdünnen, „glücklichen" Vorbildern, lässt das Selbstwertgefühl in den Keller rasseln. Die Folge ist, man traut sich nichts mehr zu und das Gewicht wird zum einzig glücklich machenden Lebensfaktor. Der Tag wird ein guter Tag, wenn die Waage we-

Der Tag wird ein guter Tag, wenn die Waage weniger anzeigt.

niger anzeigt. Aber wehe, wenn der Zeiger nach oben geht – dann ist der Tag gelaufen. Mit ***zunehmender Ablehnung*** des Körpers folgt das allumfassende Gefühl der ***Minderwertigkeit*** und des ***Versagens***. Die Illusion, „wenn ich schlank bin, dann ...", wird zum Lieblingstagtraum. Was würde man nicht alles unternehmen, wären die störenden Kilos endlich weg.

Veränderung birgt Unerwartetes.

Tief im Inneren ist klar: „Ich mache mir etwas vor". Denn selbst große Gewichtsabnahmen machen aus introvertierten Menschen keine Partylöwen. Und sehr wahrscheinlich ist auch die Garantie, einen neuen Job zu finden, nicht vom Gewicht abhängig. Oft verbergen Wünsche auch große Angst – was, wenn man tatsächlich sexy von einer Party zur anderen tanzen würde? Was, wenn das neue Jobangebot vor der Tür steht? Was, wenn man plötzlich vom anderen Geschlecht als attraktiv wahrgenommen wird und die langjährige Beziehung sich schon lange im Kreis dreht?

Jede ***Veränderung*** kann oft unbewusste ***Ängste auslösen***. Denn jede Veränderung birgt Neues und Unerwartetes in sich. Wie wird das sein, wenn man den alten Job kündigt? Wird man wieder so nette KollegInnen finden? Und vielleicht ist man mit dem neuen Arbeitsgebiet auch überfordert und wird noch in der Probezeit wieder gekündigt? Und dann? Arbeitslos, ohne Geld? Was werden die anderen sagen? Dann bleibt man schon lieber beim alten Gewohnten. Zugegeben, der Job ist monoton und eigentlich würde man gern mehr verdienen. Auch nerven die Überstunden, die sich immer wieder anhäufen – aber ***sicher ist sicher***. Lieber das altbekannte Übel, als sich auf das unerwartete Neue einlassen. Und jetzt hilft der Glaubenssatz „wenn ich schlank wäre, dann ..." weiter. Denn er „befreit" von der Eigeninitiative, die miese Jobsituation endlich zu verändern. Schuld sind das Übergewicht und die nicht wirkenden Diäten. Jetzt tatsächlich Gewicht abzunehmen, wäre „fatal". Plötzlich würde man damit konfrontiert werden,

Schuld sind das Übergewicht und die nicht wirkenden Diäten.

dass sich manche Dinge auch mit einem schlanken Körper nicht einfach lösen, sondern auf einer ganz anderen „psychischen Baustelle" beheimatet sind. Das „***Projekt Abnehmen***" wird so zur ***lebensfüllenden Tätigkeit*** und schafft es, ***andere*** wichtige zu lösende ***Themen*** in den ***Hintergrund*** zu drängen.

Huhn oder Ei

Womit soll man jetzt also beginnen? ***Zuerst abnehmen und dann die Lebensprojekte angehen***, oder umgekehrt? Die Antwort ist: beides gleichzeitig! Überlegen Sie, was wäre, wenn sich diese Wünsche wirklich erfüllen. Welche Bedenken haben Sie dabei? Und welche Kenntnisse und Bedingungen brauchen Sie (ohne abzunehmen), dass Sie der Wunscherfüllung näher kommen? Manche Bedingungen werden vielleicht Jahre brauchen, z. B. eine Weiterbildung, andere sind wahrscheinlich leichter zu erreichen, z. B. ein Fitnessstudio zu suchen, in dem man sich wohlfühlt.

Eine Ausnahme gibt es: Wenn Sie gerade viel Stress haben und seelisch stark belastet sind, hat die Klärung dieser Situation Vorrang. Jede ***Verhaltensänderung braucht Energie.*** Anfangs müssen Sie sich bewusst gegen die Gewohnheit für etwas Neues entscheiden und das mehrmals täglich. Ist der Kopf mit Sorgen voll, fehlt es an genug freier Energie, Neues auszuprobieren. Altbekannte ***Gewohnheiten geben*** dann die nötige ***Sicherheit***. Bei einigen wird so das „Projekt Abnehmen" für lange Zeit in den Hintergrund treten, weil im Vordergrund dringlichere Probleme warten. In stürmischen Zeiten ist es besonders wichtig, nicht weiter an Gewicht zuzunehmen. Der ***Körper*** verlangt allerdings nach ***mehr Energie***, dadurch wird das „***Gewichthalten***" durchaus zu einer anspruchsvollen Aufgabe.

Ist der Kopf voller Sorgen, fehlt es an Energie, Neues auszuprobieren.

Fazit: *Nicht entweder übergewichtig oder glücklich – sondern trotzdem! Obwohl das Gewicht zu hoch ist, suche ich einen neuen Job, eine/n PartnerIn oder gehe ins Fitnessstudio.*

In stürmischen Zeiten ist es wichtig, nicht zuzunehmen.

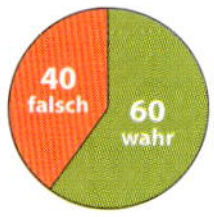

Die Gene

Gute Futterverwerter haben einen sparsamen Stoffwechsel.

Jeder kennt sie: die „guten" und „schlechten" ***Futterverwerter***. Während die einen jedes Stück Schokolade sofort auf der Waage bemerken, können andere essen, was sie wollen, und nehmen kein Gramm zu. Verantwortlich dafür sind „***die Gene***". Mehr als 100 Gene wurden bereits entdeckt, die Menschen zu guten Futterverwertern machen. Das sind diejenigen, die einen sehr sparsamen Stoffwechsel haben und jede Kalorie, die zu viel hereinkommt, aufs Depot legen, ganz nach dem Motto „man weiß ja nie, wozu man's noch brauchen kann". Während die anderen die Energie lieber in Form von Wärme „verprassen", allerdings in Zeiten von Hungersnöten die schlechteren Karten haben.

Was von der Evolution als Überlebensfaktor gedacht war, wird in Zeiten des Überflusses zum Handicap. Menschen mit sogenannten „Übergewichtsgenen" haben die optimale Auswertung der Nahrung mit den Genen geerbt. Dazu gesellt sich eine weitere Gruppe von Menschen, die die optimale Nährstoffauswertung im Mutterleib „erlernt" hat.

Menschen mit „Übergewichtsgenen" haben die optimale Auswertung der Nahrung geerbt.

In den späten 1980er-Jahren machte der Epidemiologe David Barker eine interessante Entdeckung in den britischen Gesundheitsstatistiken. Er stellte fest, dass ***Männer***, die ein sehr ***geringes Geburtsgewicht*** hatten, ein ***höheres Risiko*** hatten, als Erwachsene an einem ***Herzinfarkt*** zu erkranken. Diese Männer waren gleichzeitig ***übergewichtig***, hatten ***Diabetes*** und ***einen hohen Blutdruck***. Weitere Studien sicherten den ***Zusammenhang*** zwischen einem ***geringen Geburtsgewicht*** und einem ***erhöhten Körpergewicht*** als Erwachsener ab. Die ***untergewichtigen Säuglinge*** dürften bereits vor ihrer Geburt „gelernt" haben, wie man besonders sparsam mit Nährstoffen umgeht. Sie wurden bereits vorgeburtlich darauf „programmiert", mit wenig Nahrung auszukommen. Auch sie sind ***„gute Futterverwerter", die Extrakalorien lieber für knappe Zeiten speichern***, als sie einfach zu verbrennen.

Aber auch bei Kindern, die im Mutterleib überproportional wachsen und mit einem ***erhöhten Geburtsgewicht*** (über 4000 g) zur Welt kommen, scheint das Risiko, ***später übergewichtig*** zu werden, erhöht. Das ist der Fall, wenn die Mutter einen Gestationsdiabetes (Schwangerschaftsdiabetes) entwickelt. Durch den erhöhten Blutzuckerspiegel der Mutter produziert das ungeborene Kind zu viel Insulin. Das Insulin gelangt ins Gehirn und erreicht dort die Regulierungszentren des Stoffwechsels und Körpergewichts. Ein Insulinüberschuss scheint eine Fehlorganisation der Reglerzentren zu bewirken. Auch die Regionen, die Sättigungssignale produzieren, werden unempfindlicher. Dadurch werden mehr appetitsteigernde Hormone gebildet. Das Kind erlernt das Zu-viel-Essen also nicht erst im Hochsessel, sondern behält die im Mutterleib „erlernte" Überproduktion von Insulin ein Leben lang bei. Die ***Folgen*** sind ***Überstimulation*** und vermehrte ***Nahrungsaufnahme***. Allerdings reagieren Menschen mit den gleichen Anlagen, egal ob genetisch oder „programmiert", unterschiedlich in der Krankheitsentstehung.

Viele Aspekte sind vorgeburtlich festgelegt.

Viele Aspekte sind bereits vorgeburtlich festgelegt. Es braucht aber auch noch eine **Umwelt** und den entsprechenden **Lebensstil**, um diese Programmierung wirksam werden zu lassen. Ein Computerprogramm kann ohne entsprechenden Computer nicht wirksam werden. Versuchen Sie doch mal, auf einem Applecomputer ein Windowsprogramm abzuspielen, es wird Ihnen nicht gelingen.

Gene brauchen eine „Umwelt", um wirksam werden zu können.

Klar ist, dass sowohl eine Ausstattung mit „Übergewichtsgenen" als auch die „Programmierung" im Mutterleib in Zeiten des Überflusses ein Handicap darstellen, gegen das Strategien entwickelt werden müssen.

Fazit: *Gene und die frühe Programmierung des Stoffwechsels haben einen wesentlichen Einfluss darauf, ob man zu den „guten" oder „schlechten" Futterverwertern gehört. Einzelne Gene entscheiden jedoch nicht alleine, wer tatsächlich übergewichtig wird. Man ist den Genen nicht vollkommen ausgeliefert.*

Erst ein Lebensstil mit hoher Kalorienzufuhr und wenig Bewegung, gepaart mit vererbten Übergewichtsfaktoren, führt zum Übergewicht. Die komplexen Zusammenhänge sind allerdings noch nicht vollständig erforscht. ForscherInnen diskutieren darüber, wie hoch der Effekt der Gene wirklich ist. Manche gehen davon aus, dass das Erbgut rund 5 Prozent Anteil daran hat, ob Menschen übergewichtig werden, andere sprechen von 60–70 Prozent.

Der Suchtfaktor Essen

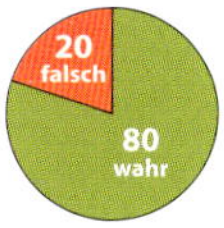

Wie kommt es dazu, dass Menschen ***entgegen*** ihren ***guten Vorsätzen*** und dem ***eisernen Willen mehr essen***, als Ihnen gut tut? Es war ein langer Arbeitstag und Sie sitzen noch immer am Schreibtisch. Der Blutzucker fällt in den Keller, Sie können sich kaum mehr konzentrieren. Ihre Gedanken kreisen darum, wie Sie zu etwas Essbarem kommen. Sie greifen nach Ihrem Portemonnaie und stürmen in das nächste Geschäft, das Essen verkauft. Kurz darauf beißen Sie bereits in die Pizzaschnitte und in der Manteltasche ist noch eine Tafel Schokolade für den Nachtisch. Ähnliche Szenarien werden vielen bekannt vorkommen. Akuter Hunger ist ein mächtiger Zustand, der unsere gesündesten Ernährungsvorsätze innerhalb kürzester Zeit zum Schweigen bringt. ***Hunger***- und ***Sättigungshormone*** haben dabei ***wesentlich*** ihre Finger im Spiel.

Akuter Hunger ist ein mächtiger Zustand.

Wie hoch ist der ***Suchtaspekt*** im Zusammenhang mit ***schwerem Übergewicht***? Es häufen sich die Hinweise, dass ***mehr als nur das Stillen*** eines größeren Hungergefühls oder das Verlangen nach „verbotenen" Lebensmitteln hinter dem ***Nicht-Aufhören-Können*** liegt. Wissenschaftler kommen mittlerweile zum Schluss, dass das Gehirn Menschen mit starkem Übergewicht, die den Konsum von kalorienreichem und ungesundem Essen nicht lassen können, den gleichen Streich spielt wie Rauchern, Sex-, Heroin- und Kokainsüchtigen. Einige der süchtig machenden Mechanismen wurden bereits entschlüsselt. Das Essverhalten wird nicht nur durch Hunger und Sättigung bestimmt, um die Energieversorgung des Körpers aufrechtzuerhalten. Die gleichen ***Botenstoffe***, die bei Hunger und ***Sättigung*** beteiligt sind (Dopamin und Opioide), sind auch an ***Belohnungs-***

Essverhalten wird nicht nur durch Hunger und Sättigung bestimmt, um die Energieversorgung aufrechtzuerhalten.

prozessen im Gehirn beteiligt, sodass ausgeprägte ***Lustgefühle*** mit dem ***Essen verbunden*** sind – und man gerne so lange weiteressen möchte, bis es gar nicht mehr geht. Bei schwer übergewichtigen Menschen sind die ***Rezeptoren***, die diese Botenstoffe aufnehmen, ***massiv reduziert***. Die Dichte sinkt mit Zunahme des Körpergewichts. Dadurch ist die Wirkung der Belohnungsbotenstoffe geringer.

Es muss immer mehr gegessen werden, um das gleiche angenehme Gefühl zu spüren.

Mit ***zunehmendem Körpergewicht*** nimmt die ***Wirkung*** immer mehr ***ab*** – es muss immer mehr gegessen werden, um das gleiche angenehme Gefühl zu spüren. Durch die niedrigere Rezeptorendichte kommt es auch zu einer verminderten Verhaltenskontrolle. Gleichzeitig kommt es zu einer höheren Sensitivität für Geschmackseigenschaften, sprich: Das Essen schmeckt besser. Durch das ***vermehrte Essen*** wird die ***verminderte Effektivität des Belohnungssystems*** kompensiert, gleichzeitig schmeckt das Essen intensiver. Das Aufhören gelingt unter diesen Bedingungen nur mit großer Anstrengung.

Aufhören gelingt nur mit großer Anstrengung.

Noch dazu fördern Opioide ganz spezifisch den Griff zu fettreichem Essen. Das Ausmaß des Effekts ist jedoch von den individuell vorhandenen Vorlieben abhängig. Im Überfluss ständig verlockendem Angebot zu widerstehen, bleibt dabei eine wahre Meisterleistung. Anders als bei anderen Süchten ist es beim Essen nicht möglich, „abstinent" zu werden – das große Kunststück ist es, mit dem „Stoff" umgehen zu lernen. Eine Herausforderung der ganz besonderen Art.

Teil 2 ESSEN BEGINNT IM KOPF

Wie alles begann – gelernte Essgewohnheiten

Denken Sie an die Lieblingsspeise Ihrer Kindheit ...
was fällt Ihnen ein?

Wahrscheinlich werden verknüpft mit der Lieblingsspeise Erinnerungen an Situationen oder Menschen auftauchen. War die Lieblingsspeise der Apfelstrudel von der Oma, den es immer sonntags gegeben hat – oder das Butterbrot, das der Vater immer mit Mustern verziert hat? Oder ist es eine Suppe, die es nur in Ihrer Familie gibt?

In der ***Familie*** lernen wir die ***ersten Lebensmittel*** kennen, lernen ***Essmuster*** und -regeln und haben die ersten ***Vorbilder***, wie man mit ***Hunger und Sättigung umgeht***. Im positiven, aber auch im negativen Sinn. Wir lernen aber auch, dass Essen als Ersatz für emotionale Zuwendung verwendet werden kann: „Nimm den Schokoriegel, dann bist du nicht mehr traurig". Oder dass man sich mit Essen belohnen kann: „Wenn du jetzt brav bist, gehen wir nachher Hamburger essen". Aber auch, dass Essen „groß und stark macht" und manche Dinge auf dem Teller „gesund sind" und andere nicht. Wer Eis als Nachspeise versprochen bekommen hat, damit er das Gemüse aufisst, hat gelernt: Gemüse ist unbeliebt, Eis ist attraktiver.

Essen als Ersatz für emotionale Zuwendung

Studien zeigen, dass Kinder, die so erzogen werden, tatsächlich Gemüse nur noch dann essen, wenn sie dafür entschädigt werden. Als Erwachsener wissen sie: „Gemüse ist gesund" – und weil sie jetzt „eh nur Gemüse hatten", dürfen sie sich mit einer Nachspeise „belohnen". ***Gesunde Lebensmittel haben ein Imageproblem.*** Gelernt ist gelernt. Im Alter von 50 Jahren hat man diese Erfahrung mehr als 50.000 Mal wiederholt. Die ***Macht der Gewohnheit*** hat also ein großes Wort mitzureden, wenn es um ***Gewichtsreduktion*** geht.

Gelernt ist gelernt.

Der ***familiäre Einfluss*** besteht auch in der Prägung unserer ***Geschmackspräferenzen***. Schon vor der Geburt machen wir Erfahrungen mit bestimmten Geschmacksrichtungen. Je abwechslungsreicher die werdende Mama isst, umso eher gewöhnt sich das Baby an verschiedene Geschmäcker. Später werden wir diese Lebensmittel anderen vorziehen. ***Im Mamabauch ist die Welt in Ordnung***: Die Nahrung fließt in der richtigen Menge und Zusammensetzung mit angenehmer Temperatur zu. Stunden nach der Geburt machen wir bereits eine neue Erfahrung: Ein ***Spannungsgefühl*** baut sich auf – ***Hunger***. Der süße ***Geschmack*** der Muttermilch und das entspannende Gefühl der ***Sättigung***, die beruhigende ***Wärme*** und Stimme der Mutter verschmelzen zu einer ***emotionalen Einheit***. Wir machen die erste Erfahrung, dass ***Essen*** und ***Gefühl*** zusammengehören. Das Baby lernt, Sattwerden mit Trost und Zuwendung zu verbinden. Essen ist also bei allen Menschen mit Gefühlen verknüpft, auch wenn man nie mit Schokolade belohnt oder getröstet wurde. Das ***Dilemma:*** Jede Veränderung der Essgewohnheiten muss man mithilfe des Verstandes angehen; obwohl es sich eigentlich um eine emotionale Angelegenheit handelt.

Sattwerden ist mit Trost und Zuwendung verbunden.

Das Verlangen nach Vertrautem

Die Familie prägt nicht nur den Umgang mit Lebensmitteln, sie hat auch entscheidenden Einfluss auf unsere Geschmackspräferenzen. Die Wissenschaft beschreibt diesen Zusammenhang als „***Mere Exposure Effect***", also den „Effekt der bloßen Darbietung". Gemeint ist, dass wir Speisen deshalb mögen, weil wir sie schon oft gegessen haben. Für Speisen, die in unserer Ursprungsfamilie oft auf dem Tisch standen, haben wir „Geschmack" entwickelt. Die Ursache ist das ***vertraute Gefühl***, das entsteht, wenn man eine Speise gegessen hat und diese gut vertragen wurde. Mittlerweile gibt es viele Untersuchungen mit Kindern und Erwachsenen, die belegen, dass bei mehrmaligem Kontakt mit einem Lebensmittel die Vorliebe dafür gesteigert werden kann.

Wir mögen Speisen, weil wir sie schon oft gegessen haben.

Ein Experiment macht es deutlich: Man untersuchte das Gewohnheitsverhalten von 6 bis 12 Monate alten Kindern. Mütter von 70 Kindern wurden gebeten, ein Gemüse zu nennen, das ihre Kinder so deutlich abgelehnt hatten, dass sie dieses nicht mehr füttern wollten. Im darauffolgenden Experiment bekamen die Babys 16 Tage lang immer abwechselnd einen Tag Karottenbrei als beliebtes Gemüse und am anderen Tag das unbeliebte Gemüse gefüttert. Sowohl die gegessene Menge als auch der Eindruck der Mutter, wie sehr dem Baby der Brei schmeckte, wurde festgehalten. Nach acht Mahlzeiten zeigte sich, dass 70 Prozent der Babys den davor ungeliebten Brei aßen und mochten.

Wir essen nicht, was wir mögen, sondern wir mögen, was wir essen.

Der „Mere Exposure Effect“ ist Herzstück des soziokulturellen Lernprozesses, in dessen Verlauf wir die Nahrungsmittel und tradierten Essweisen unserer Kultur verinnerlichen. Spätestens als Erwachsene finden wir es ganz normal, Käse und Spinat zu essen, aber doch sehr komisch, vor dem Fernseher geröstete Käfer zu knabbern. Wir essen nicht, was wir mögen, sondern wir mögen, was wir essen. Neuen Lebensmitteln skeptisch zu begegnen, hat sich im Laufe der Menschheitsgeschichte bewährt und gehört heute zu unserem Verhaltensrepertoire. Eine neue Frucht, die wir noch nie gegessen haben, prüfen wir vorsichtig, bevor wir sie schlucken. Wer sich aber sein ganzes Leben an die gleichen Lebensmittel hält, verpasst die Vielfalt und Abwechslung, die sich uns bietet. Ohne eine gewisse Risikobereitschaft würden wir weder Kaffee noch Bier trinken. Kaum jemand ist beim ersten Schluck vom Geschmack des Kaffees begeistert. Aber durch die Bereitschaft, es immer wieder zu probieren und sich auf einen neuen Geschmack einzulassen, entwickeln sich mit der Zeit Vorlieben.

Tipp: *Probieren Sie immer wieder neue Lebensmittel aus. In jeder Lebensmittelgruppe gibt es viele verschiedene Geschmacksrichtungen. Gemüse ist nicht gleich Gemüse. Erbsen und Mais sind sehr milde, süßliche Vertreter, während Brokkoli, Spinat und Co mehr in Richtung „bitter“ gehen. Auch die Zubereitungsart macht einen Unterschied. Manche mögen Karotten am liebsten „knackig“, während andere Karotten nur püriert in der Suppe etwas abgewinnen können. Und geben Sie den neuen Geschmacksrichtungen mehrere Chancen. Aus Untersuchungen wissen wir, dass es 8–10 Geschmackseindrücke braucht, damit eine neue Geschmackspräferenz entstehen kann.*

Der Torten-Kreislauf

Irgendwo in unserem Gehirn gibt es ihn, den Schokotorten-Kreislauf. WissenschaftlerInnen bemühen sich herauszufinden, wie er arbeitet, und suchen eifrig das Gehirn danach ab; aber auch, wenn die Details noch unerforscht sind – er ist da und hat uns in der Hand, ***der Appetit***. Seit dem ersten Bissen in frühen Kindheitstagen und der damit verbundenen Geschmackssensation sowie dem freigesetzten Feuerwerk im Gehirn ist klar: ***Torte ist super!*** Eine lebenslange Liebesaffäre hat begonnen. Für manche aber auch eine lebenslange Quälerei.

Essen ist willentlich steuerbar.

Im Gegensatz zu Atmung, Herzschlag und anderen lebenserhaltenden Funktionen ist Essen willentlich steuerbar. Essen ist eine freiwillige Angelegenheit, genauso wie Sex. Und genauso wie Sex, ist Essen Voraussetzung dafür, dass die Menschheit nicht ausstirbt. Und die Arterhaltung ist nun mal ein wichtiges Thema in der Evolution. Die Biologie ist clever: Damit ***Sex*** und ***Essen*** regelmäßig auf dem Plan stehen, macht sie beides ***unwiderstehlich***. Das ***Belohnungssystem*** wird angeworfen. Allerdings gibt es auch den

Lerneffekt: Der Geschmack von Schokotorte wird mit einer positiven Lebenssituation – z. B. dem ersten Geburtstag – in Zusammenhang gebracht. Und später, auch wenn man sich nicht mehr bewusst an seinen ersten Geburtstag erinnern kann, wird das positive Gefühl mit dem Geschmack der Torte automatisch abgerufen.

Essen hebt die Stimmung.

Das Gehirn produziert den **Belohnungsbotenstoff Dopamin**. Essen macht nicht nur satt, sondern hebt auch die Stimmung. Gekoppelt mit Geschmack und einer positiven Situation, entsteht ein kleiner **Glückskick**. Das „kleine High" entsteht dann, wenn wir Dinge essen, die wir mögen. Nur bei Menschen, die Torte mögen, kommt das Belohnungssystem in Schwung. Was dem einen die Schokotorte, ist dem anderen vielleicht seine Salamipizza.

Allerdings gibt es ein paar **Gemeinsamkeiten** der Speisen und Lebensmittel, die die Hitlisten anführen. Es sind nämlich fast immer **sehr kalorienreiche** – zucker- und/oder fettreiche – Lebensmittel. Wieder hat die Evolution ihre Finger im Spiel. Wir mussten unsere ganze Entwicklungsgeschichte hindurch energiereiche Lebensmittel bevorzugen, um zu überleben und die Art zu erhalten. Daher hat

sich unser Belohnungssystem auf diese Lebensmittel spezialisiert. Durch kalorienreiche Lebensmittel werden wir mit guter Stimmung belohnt.

Die Balance des Essens ist ein Regelwerk von Stoffwechselprozessen.

Die Balance des Essens ist durch ein komplexes Regelwerk von Stoffwechselprozessen gewährleistet. Die **Regulation** von **Hunger** und ***Sättigung*** erfolgt einerseits durch ***Neurotransmitter*** und ***Hormone***, wie Serotonin, Dopamin, Noradrenalin, Cholesystokinin, Neuropeptid Y, Leptin und Ghrelin. Andererseits regulieren auch die Nährstoffe, die ins Blut gelangen, und der Füllungsgrad des Verdauungstraktes, wann das Signal „satt" an den Hypothalamus im Gehirn geschickt wird. Die Meldung über den Füllungsgrad braucht aber seine Zeit. Der Magen sagt bereits „Stopp", während das Gehirn noch einige Minuten braucht, um dieses Signal wahrzunehmen. Eine ziemlich ***komplizierte Angelegenheit*** also. Selbst wenn man das Hungerhormon Ghrelin medizinisch unterdrücken könnte, würden die anderen Botenstoffe den Effekt wieder wettmachen. Die ***Mechanismen***, die ein starkes ***Absinken des Körpergewichts verhindern***, ***arbeiten*** offensichtlich ***effizienter als diejenigen***, ***die das Gewicht nach oben begrenzen***. Das Wundermittel wird also weiterhin auf sich warten lassen, immerhin geht es dem Organismus ums Überleben – da lässt man sich nicht so einfach austricksen.

Die „Stoppmeldung" braucht Zeit.

Appetitregulation: Der Körper ist über seine Energiereserven bestens informiert. Es wurde bereits eine Vielzahl an Botenstoffen identifiziert, die das Gehirn über den Zustand der Zucker- und Fettspeicher informieren.

Ghrelin: ist ein Hormon, das im Magen produziert wird und die Information ans Gehirn leitet, dass die Depots sich langsam leeren. Die Produktion der Appetitzügler wird eingestelllt. Der Körper erhält das Signal zum Wiederauffüllen der Speicher. Der steigende Ghrelinspiegel signalisiert: Es ist Essenszeit! Je mehr Ghrelin sich im Blut befindet, umso größer wird der Hunger.

Leptin: Große Leptinmengen im Blut signalisieren gemeinsam mit einem angestiegenen Insulinspiegel volle Zucker- und Fettdepots. Der Körper bekommt die Botschaft „satt" und stellt sich darauf ein, Energie zu verbrauchen und weniger Nahrung aufzunehmen.

Leptin wird in den Fettzellen gebildet. Die meisten übergewichtigen Menschen haben genug an Leptin, allerdings ist meistens die Signalwirkung im Hypothalamus gestört, sodass die Information über die „Sattheit" zu wenig stark wahrgenommen wird.

Stress lass nach

Wenn wir unter Spannung stehen, schüttet der Körper vermehrt das ***Stresshormon Kortisol*** aus. Dieses bringt das Gehirn dazu, ***mehr Energie anzufordern***. Dem Gehirn ist es allerdings egal, ob der Stress körperlicher oder seelischer Natur ist und ob tatsächlich mehr Energie gebraucht wird. Mit ***Stress*** ist aber ***nicht nur*** das Phänomen gemeint, das unseren ***modernen Lebensstil*** widerspiegelt. Multitasking, die Fähigkeit, mehrere Dinge gleichzeitig machen zu können, wird zur Anpassungsleistung an eine Gesellschaft, in der alles immer schneller gehen muss. „Stress" meint nämlich auch, Sorgen zu haben, z. B. ob man den Job behalten wird, wie man die nächste Miete bezahlen kann und ob die Kinder die Schule schaffen werden. Stress entsteht, wenn wir dem Gefühl unterliegen, dem Schicksal ausgeliefert zu sein und die Probleme nicht mehr aus eigener Kraft lösen zu können. Es entsteht das Gefühl der ***Ausweglosigkeit***. In diesem Fall steht der Organismus unter chronischem Stress. Dadurch zirkuliert ständig ***Kortisol*** im Blut und ***greift in die Appetitregulation ein***.

Stress entsteht, wenn wir dem Gefühl unterliegen, dem Schicksal ausgeliefert zu sein und die Probleme nicht mehr aus eigener Kraft lösen zu können.

Manche Menschen reagieren mit Appetitlosigkeit, andere beginnen, erst recht zu essen. Wahrscheinlich sind die ***Essensverweigerung*** und das ***emotionale Essen zwei Seiten derselben Medaille***. Warum man die eine oder andere Seite „wählt", ist wahrscheinlich sowohl in den Genen festgelegt, als auch den Umweltbedingungen zuzuschreiben. An dieser Stelle interessiert uns allerdings ausschließlich das Phänomen des ***„emotionalen Essens"***.

Frauen neigen zu stressbedingtem Essen.

Studien zeigen, dass vor allem Frauen zum stressbedingten Essen neigen. In einer Studie wurde das Essverhalten von 59 gesunden Frauen unter stressigen und normalen Bedingungen untersucht. Dabei wurde eine Gruppe gefunden, die mit besonders ***hohem Kortisolspiegel*** auf die ***Stresssituation*** reagierte und deren ***Stimmung***

sich unter ***Stress*** besonders stark ***verschlechterte***. Diese Gruppe konsumierte mehr Kalorien als diejenigen, die weniger stark auf den Stress reagierten. Die vermehrte Kalorienaufnahme wurde vor allem durch Süßigkeiten hervorgerufen, die zwischen den Mahlzeiten den ganzen Tag über gegessen wurden. Am Kontrolltag, unter normalen, stressfreien Bedingungen, zeigte sich kein Unterschied bei den Gruppen.

Stress hat direkten Einfluss auf das Essverhalten.

Dass Stress einen direkten Einfluss auf das Essverhalten hat, zeigt sich in einer anderen Studie. 68 Männer und Frauen mussten spontan ein Rechenbeispiel vor Publikum lösen und vor dem Mittagessen eine vierminütige Rede vorbereiten, die nach dem Essen gehalten werden sollte. Die Forscher waren aber in Wirklichkeit mehr am gefüllten Mittagsteller der StudienteilnehmerInnen interessiert, als an der Rede. Es wurde der Blutdruck gemessen und bestätigte: Alle 68 standen unter ***Stress***. Dennoch zeigte sich nicht bei allen ein ***Einfluss*** auf das ***Mittagessen***. Nur diejenigen, die sich selbst zu den StressesserInnen zählen, hatten eine eindeutig süßere und fettere Menüzusammenstellung. Die Studie unterstreicht, dass diejenigen, die dazu neigen, aufgrund verschiedener ***psychischer Aus-***

löser zum Kühlschrank zu pilgern, dann vermehrt zu ***Lebensmitteln mit hoher Energiedichte***, wie Schokolade & Co, greifen.

Stress wirkt sich aber nicht nur auf den Kortisolspiegel aus, gleichzeitig wird die ***Opioidproduktion angekurbelt***, um bei einer eventuellen Verletzung durch den wilden Säbelzahntiger die Schmerzen zu reduzieren. Heutzutage sind die Verletzungen allerdings meist seelischer Natur. ***Opioide haben einen ähnlich „belohnenden" Effekt wie das Dopamin***, das als Belohnungsbotenstoff nach einem guten Essen ausgeschüttet wird.

Die Antwort auf Stress beeinflusst das Essverhalten deutlich.

Der „***Belohnungsstoffwechsel***" lässt sich also durch zwei Mechanismen stimulieren: ***1. durch wohlschmeckendes Essen und 2. durch Stress.*** Eine Untersuchung zeigt: Die wiederholte ***Stimulierung des Belohnungsstoffwechsels*** entweder durch Stress oder durch Essen führt zu ***neurobiologischen Adaptionen im Gehirn***, die das gewohnheitsmäßige „***Überessen***" ***fördern***. Beide ***Mechanismen*** scheinen gemeinsam eine so ***starke Wirkung*** zu haben, dass alle willentlichen Maßnahmen, die ***Kalorienmenge zu reduzieren***, ***scheitern***. Die psychophysiologische Antwort auf Stress beeinflusst das nachfolgende Essverhalten deutlich. Bei dauerhaft anhaltenden stressigen Lebensbedingungen wird dieser Zusammenhang durch seinen Einfluss auf Körpergewicht und Gesundheit deutlich.

Den deutlichsten Zusammenhang liefert die Zwillingsforschung. Man verglich das Gewicht eineiiger Zwillinge. Der Zwilling, der unter unkontrollierbarem Stress litt, brachte bis zu 17 kg mehr Gewicht auf die Waage als sein Geschwister, das in ruhigen, angenehmeren Verhältnissen lebte.

Der Organismus gewöhnt sich an das Zuviel und passt die Stoffwechselprozesse an.

Gleichzeitig gewöhnt sich der Organismus an das Zuviel an hochkalorischen Speisen und passt seine Stoffwechselprozesse mit Hormonen und anderen Botenstoffen den neuen Bedingungen an. Als Resultat wird in den Stellwerken des Gehirns ein neuer Set-Point eingegeben, d. h. das Körpergewicht, das es zu verteidigen gilt. Damit kommt es zu einer Entkoppelung von Ursache und Wirkung. Die Lebenskrise, die den Kummerspeck ausgelöst hat, ist lang überwunden, dennoch hält sich das Gewicht eisern, weil der Körper seine Speicher nun mal sehr widerwillig leert. Die ***verselbstständigten Stoffwechselmechanismen verlangen*** trotzdem weiterhin ***nach den bekannten Kalorienmengen***.

Solange Sie das Stresshormon Kortisol im Blut haben, werden Sie nicht abnehmen.

Tipp: *Für eine erfolgreiche Gewichtsreduktion bedeutet das: Stressabbau! Solange Sie das Stresshormon Kortisol im Blut haben, werden Sie nicht abnehmen. Wenn Ihre Lebenssituation durch Angst, Stress oder Anspannung bestimmt ist, verschieben Sie Ihr Vorhaben, Gewicht zu reduzieren, auf später. Kummer und Verzweiflung sind Bestandteil unseres Lebens, sie gehören dazu wie Krankheit oder Glück. Die Klärung dieser Situation hat Vorrang. Um Ihr Gewicht kümmern Sie sich dann, wenn Sie genügend freie psychische Kapazität haben.*

Das egoistische Gehirn

Ein neuer Erklärungsansatz für die Entstehung von Adipositas, also schwerem Übergewicht, ist die „**Selfish-Brain-Theorie**". Sie besagt, dass sich das **Gehirn „selbstsüchtig**" verhält, indem es die Energieversorgung – sprich: Kalorienaufnahme – des Körpers so lenkt, dass es **zuerst einmal selbst Energie erhält**, **bevor die anderen Organe versorgt werden**. Bis dato ist die Wissenschaft von einer gleichzeitigen Energieversorgung des Gehirns und der Muskeln und Organe ausgegangen. Im Normalfall zieht das Gehirn bei akutem Bedarf Blutzucker aus Muskeln und Blut ab und leitet ihn zur Blut-Hirn-Schranke. Damit ist die Versorgung gesichert. Wenn diese Art der **Energiezuteilung nicht funktioniert**, **aktiviert das Gehirn die Energieversorgung durch Nahrungsaufnahme**. Das Gehirn kann in diesem Fall die notwendige Energie nicht aus dem Körper anfordern und muss diese aus der Umwelt – durch Essen – **direkt beziehen**. Die Ursachen für diese „Funktionsstörung" können mechanische Defekte (Tumore, Verletzungen) sein oder erlerntes (ungünstiges) Essverhalten. Aber auch Falschsignale durch z. B. Antidepressiva, Alkohol oder Viren gehören zu den Verdächtigen, das Gehirn fehlzuleiten. Die Fehlprogrammierung kann aber auch durch eine posttraumatische Belastungsstörung (nach einem erlebten Trauma) entstehen. Das bedeutet, dass ein belastendes, traumatisierendes Ereignis aktuell zwar nicht mehr stattfindet, man aber durch bestimmte Auslöser (Geräusche, Personen, Gerüche, Situationen u. Ä.) unbewusst daran erinnert wird. Der Körper steht dadurch permanent unter Stress.

Das Gehirn fordert Energie an, obwohl die Muskeln keinen Mehrbedarf haben.

Auch unter widrigen Umständen hört das Gehirn nicht auf, den Energiehaushalt über die Körperanforderung (= Appetitsteigerung)

zu bestreiten, die Entstehung von Adipositas (schwerem Übergewicht) wird damit in Kauf genommen. Das Gehirn fordert durch Nahrungsaufnahme Energie an, obwohl die Muskeln keinen Mehrbedarf haben. Dadurch kommt es zur Ansammlung von Energie im Fettgewebe. **Das Zuviel an Körpergewicht ist nach der Selfish-Brain-Theorie auch oft auf psychische Ursachen zurückzuführen.** Beispielsweise wenn nur **unzureichende Möglichkeiten erlernt wurden, auf negativen Stress zu reagieren**. Die **Neigung, Konflikten auszuweichen**, und die Gewohnheit, die **psychische Anspannung durch Naschen von Süßigkeiten auszugleichen**, wird von vielen übergewichtigen Menschen beschrieben. Dadurch wird das **Stresssystem** weiter **geschwächt** und verlernt, autonom zu reagieren, d. h. den Mehrbedarf an Energie über den Blutzucker aus Muskeln und Blut zu decken.

Zur Gewohnheit gewordene Einstellungen und Verhaltensweisen verändern.

Das **Therapiekonzept**, das sich aus dieser neuen Theorie ableitet, setzt sowohl bei den **Gefühlen** als auch bei den vom Gehirn aus koordinierten **Verhaltensweisen** an. Es geht darum, zur Gewohnheit gewordene Einstellungen und Verhaltensweisen zu verändern. Beispielsweise geht es darum, ein **gesundes Essverhalten einzuüben**, aber auch den **Umgang mit Konflikten** und **Stresssituationen** zu verändern. Es soll verhindert werden, dass Essen zur alleinigen Reaktionsweise auf Situationen wird, die ein wesentlich komplexeres soziales Verhalten erfordern. Die Therapie muss nach Ansicht der Selfish-Brain-Forschergruppe deshalb auch eine physiologische und psychologische Komponente haben. Wir kommen also nicht darum herum, dem seelischen Wohlbefinden einen mindestens genauso großen Stellenwert bei der Gewichtsreduktion einzuräumen wie dem Wissen über Kalorien und Energieaufnahme selbst.

Kalorienreduktion und Stressbewältigung

Mit jeder Diät kommt das eine oder andere Kilo dazu.

Nach den meisten Diäten folgt dem vorangegangenen Gewichtsverlust eine starke Gewichtszunahme, die nicht selten erst über dem Ausgangsgewicht endet. Mit jeder Diät kommt das eine oder andere Kilo dazu statt uns zu verlassen. WissenschaftlerInnen in den USA scheinen nun eine weitere ***Ursache***, warum ***Diäten nicht funktionieren***, in der veränderten Stressbewältigung gefunden zu haben. Die Untersuchung zeigte, dass eine ***zu schnelle Gewichtsabnahme*** die ***Reaktion des Gehirns auf Stresssituationen*** grundlegend verändert. Die Diät wird vom Körper als „Stress" erkannt und steigert so das Verlangen nach besonders fetthaltiger Nahrung. Das bedeutet, dass eine ***Diät*** nicht nur den ***Stresslevel erhöht***, was die Gewichtsabnahme erschwert, sondern dass Diäten das Gehirn in einer Art und Weise ***umprogrammieren***, dass ***bei künftigem Stress*** das ***Verlangen nach Essen steigt***. Ein weiterer Grund, Diäten ab sofort den Rücken zuzukehren.

Diät wird vom Körper als „Stress" erkannt.

Weniger Schlaf, mehr Kilos

Wer zu wenig schläft, bringt mehr Kilos auf die Waage.

Richtig gelesen! Wer zu wenig schläft, bringt mehr Kilos auf die Waage. Zahlreiche Studien kommen zum gleichen Ergebnis: Die Reduktion der Schlafzeit führt zu vermehrtem Appetit und damit einhergehend zur Gewichtszunahme. In einer Untersuchung wurde jungen Männern eine maximale Schlafdauer von vier Stunden für zwei aufeinanderfolgende Nächte erlaubt. Der Hormonstatus zeigte eine Zunahme des Hungerhormons Ghrelin und eine Abnahme von Leptin, das hungermindernd wirkt. Die Studienteilnehmer berichteten auch von vermehrtem Hunger und Gusto auf jegliche Art von Essen, an erster Stelle standen aber Süßes und andere kohlenhydratreiche Lebensmittel (Nudeln, Brot, Gebäck, Kartoffeln u. Ä.). ***Wer fünf oder weniger Stunden schläft***, riskiert eine **Gewichtszunahme** im Vergleich zu denjenigen, die sechs oder mehr Stunden schlafen. Optimal für das Gewicht scheint für Erwachsene eine Schlafdauer von sieben bis acht Stunden zu sein. Nicht nur die veränderten Hunger- und Sättigungshormone scheinen dabei eine Rolle zu spielen. Wer ***nicht ausgeschlafen*** ist, ist tagsüber ***weniger aktiv*** und versucht, die ***fehlende Energie übers Essen*** hereinzubekommen. Wer müde ist, fährt eher mit dem Lift und vermeidet es, auch kurze Strecken zu Fuß zurückzulegen.

Optimale Schlafdauer: sieben bis acht Stunden

Die Gehirnregion, die an unserer Gewichtsregulation maßgeblich beteiligt ist, der Hypothalamus, ist eng mit dem Hypocampus verbunden. Hier wird ein Großteil des Essverhaltens entschieden. Eine dieser Hirnregionen ist auch für den Schlaf-Wach-Rhythmus bestimmt. Im Hypothalamus befindet sich die biologische Uhr, die die Lichtinformation von den Augen erhält und sie zum übrigen Körper leitet, um die Abläufe im Körper den Gegebenheiten der Umwelt anzupassen. Die ***biologische Uhr*** steuert nicht nur den ***Schlaf-Wach-***

Stress führt zu Übergewicht

Rhythmus, sondern auch den Blutdruck, Hunger und ***Sättigung***. Gleichzeitig sind Störungen der biologischen Uhr mit einer Stressreaktion verbunden, und Stress führt bekanntlich zu Übergewicht. Andersrum ist mangelnder und schlechter Schlaf aber auch ein Zeichen dafür, dass Sorgen oder andere seelische Störungen das Ein- und Durchschlafen unmöglich machen. In einer Studie berichteten 47,7 Prozent der Übergewichtigen, dass sie an seelisch bedingten Schlafstörungen leiden; bei den Normalgewichtigen waren es nur 25,5 Prozent. ***Sorgen, zu wenig Schlaf und Gewichtszunahme gehen auch hier Hand in Hand.*** Und wieder geht es darum, den psychischen Stress in den Griff zu bekommen, damit auch der Schlaf erholsamer werden kann, um der Gewichtsreduktion ein Chance zu geben.

Essen gegen die innere Leere

Essen hilft, negative Gefühle zu verhindern.

Liebe, Zuwendung und Trost - Essen hilft. Zumindest kurzfristig. Negative Gefühle steigern das Essverhalten immer dann, wenn die wohlschmeckende Speise die Funktion hat, diese Gefühle zu vermindern. D. h. ***Essen*** wird zur ***Regulation*** des ***emotionalen Zustandes*** eingesetzt. Anders ist es bei sehr intensiven Emotionen, wie starke Angst oder Ärger, die Flucht- bzw. aggressives Verhalten auslösen. Essen hilft bei einer negativ getönten Stimmungslage. Zumindest die Zeit während des Einkaufens, Kochens und Essens und vielleicht kurze Zeit danach sind die negativen Emotionen verringert. Bis sie langsam wieder Oberhand gewinnen – was hilft: Wieder von vorne beginnen? Weiteressen?! Beides füllt die innere Leere nicht wirklich, sondern schlägt sich nur auf der Waage nieder. Besser: Das ***Gefühl adäquat beantworten***. Wer Trost sucht, wird mit Schokolade nur kurzfristig gut bedient sein, ein Gespräch mit vertrauten Menschen, eine spannende neue Tätigkeit oder den Tränen freien Lauf zu lassen bietet dagegen echten Trost und sind die kalorienärmere Alternative. Allerdings muss die ***kalorienärmere Alternative*** genauso leicht verfügbar sein und ***genauso viel Spaß machen*** wie das geplante Essen. Wer also gerne Zuwendung beim Essen sucht, tut gut daran, sich im Vorhinein Alternativen zu überlegen. Um im Falle des Falles „gerüstet" zu sein.

Je mehr „Trösterchen" Sie zur Verfügung haben, desto besser.

Grundsätzlich gilt: Je mehr Möglichkeiten an „Trösterchen" Sie zur Verfügung haben, desto besser. Wenn Sie ein Spaziergang genauso aufheitert wie ein warmes Bad oder ein Kinobesuch, ist nichts dagegen einzuwenden, wenn auch die Schokolade einmal herhalten muss. Doch wenn Ihre **einzige Lösungsmöglichkeit Süßigkeiten** sind, wird sich das ziemlich schnell **an Bauch und Hüfte bemerkbar** machen.

Essstörungen erkennen

Essverhalten und **Emotion** ist vom ersten Schluck Muttermilch unweigerlich miteinander **verbunden**. Es ist also nicht weiter verwunderlich, wenn wir uns mit Essen belohnen und aufheitern. Wenn Essen jedoch als Versuch verstanden wird, Schwierigkeiten im Leben in den Griff zu bekommen, die man auf andere Art und Weise nicht lösen kann, ist das ein ernst zu nehmendes Problem. **Essstörungen** sind mehr, als nur mit dem Essen Schwierigkeiten zu haben, es sind **psychosomatische Erkrankungen**, die mit zahlreichen Komplikationen verbunden sein können.

Selbsttest Essstörung

Wenn Sie eine oder mehrere der folgenden **Verhaltensweisen** an sich selbst beobachtet haben – und zwar nicht nur für ein paar Tage, sondern seit mehreren Wochen und Monaten, so sind das deutliche **Hinweise**, dass Ihr Essverhalten gestört ist und **Sie etwas dagegen unternehmen sollten**!

Verhaltensweise	✗
Essen ist mit Ängsten verbunden Sie haben ständig Angst, zu viel zu essen und dadurch zuzunehmen. Sie kontrollieren Ihr Gewicht sehr streng und ändern Ihr Essverhalten bei einer geringfügigen Zunahme sofort, indem Sie Ihre „Diätgrenzen" verringern.	
Essen bestimmt das Körpergefühl Sie begutachten Ihren Körper sehr genau und kritisch und nehmen ihn dicker wahr, als er tatsächlich ist. Ihr Körpergefühl hängt vom Gewicht und Ihrem aktuellen Essverhalten ab.	
Essen gegen Stress Sie neigen häufig dazu, Misserfolge, Enttäuschungen und andere negative Gefühle durch Essen zu kompensieren. Gleichzeitig verfügen Sie über wenig andere Möglichkeiten, diesen Gefühlen zu begegnen.	
Essen beherrscht das Denken Sie sind den ganzen Tag damit beschäftigt, Kalorien zu zählen und Ihre Mahlzeiten zu planen. Sie verwenden so viel Energie darauf, dass andere Dinge zu kurz kommen und Sie z. B. nicht spontan einer Essenseinladung folgen können.	

Essen unter Kontrolle
Spontan etwas zu essen, weil Sie Lust darauf haben, und es einfach nur zu genießen, geht kaum mehr. Sie halten sich an strenge Diätpläne und teilen Lebensmittel ganz genau in „erlaubt" und „verboten" ein. Jede Mahlzeit ist mit schlechtem Gewissen verbunden.

Quelle: Wunderer E.: Essen gegen die Leere. Essstörungen erkennen, erklären und behandeln. Ernährungs-Umschau 54, S. 180–187 (2007). Modifiziert.

Esssucht

Essstörungen sind Lösungsversuche für scheinbar unlösbare Probleme.

Nur die Anorexie (Magersucht) schwört dem Essen so gut wie ganz ab. **Bulimie** und **Binge-Eating-Störungen** sind durch **Essanfälle** gekennzeichnet. Prinzipiell zählt die Adipositas, also starkes bis extrem starkes Übergewicht, nicht zu den Essstörungen. Dennoch liegen oft psychische Ursachen dahinter. Essstörungen sind Lösungsversuche für eigene, vermeintlich unlösbare Probleme – ein destruktiver Lösungsversuch. In der Regel sind viele Faktoren daran beteiligt: Der **familiäre Kontext** und Lernerfahrungen spielen **ebenso** eine Rolle wie **soziokulturelle** (Stichwort: Schönheitsideal), **individuelle** und **biologische Faktoren**. Ein beträchtlicher Anteil der Menschen mit Essstörungen hat **Grenzverletzungen** psychischer oder körperlicher Natur erlebt. Bei Menschen, die unter **Essattacken** leiden, dreht sich ein großer Teil des Lebens um Essen – darum, was man essen kann, was man essen wird oder nicht essen wird, was man gegessen hat oder nicht gegessen hat und wann man wieder essen wird oder eben nicht essen wird. Von außen erntet man viel Anerkennung und Bewunderung für die Enthaltsamkeit – gegessen wird meist heimlich, auch nachts.

Ausflug in die Psychodynamik

Ursachen sind so vielfältig wie die Menschen.

Das **starke Übergewicht** kann aber auch **symbolische Bedeutung** haben, z. B. kann sie die Spannung der Mutter-Tochter/Sohn-Beziehung anzeigen. Gleich vorweg: Der Umkehrschluss ist in diesem Fall nicht zulässig, d. h. nicht alle Menschen mit Übergewicht haben eine spannungsgeladene Mutter-Kind-Beziehung. Auch hier gilt, die Ursachen sind so vielfältig wie die Menschen selbst. An dieser Stelle müssen die Mütter in Schutz genommen werden: „**Die Mutter**“ ist als **erste Beziehungsperson** und als die erste, zu der der Säugling eine Liebesbeziehung hat, stellvertretend gemeint. Selbstverständlich kann das auch die Oma, der Vater oder eine andere Bezugsperson sein. In der Mehrzahl der Fälle ist es allerdings die Mutter, mit der wir die **ersten Ess- und Beziehungserfahrungen** machen.

Die Psychologie hat von Anfang an ihre Finger im Spiel. Im besten Fall nimmt die Mutter die **unterschiedlichen Bedürfnisäußerungen** des Säuglings adäquat wahr und beantwortet diese entsprechend. Auf **hungrig** sein folgt füttern und **Sattheit**. Auf **Langeweile** folgt Beschäftigung und **Spaß**. So bekommt der Säugling **unterschiedliche Vorstellungen** über seine inneren **Zustände**. Gleichzeitig wird dabei ein **starkes Selbstwertgefühl** ausgebildet, das zu einer aktiven Lebensbewältigung benötigt wird. Kommt es aufgrund **eigener Schwierigkeiten der Mutter** zu einer inadäquaten frühen Versorgung, bleibt beim Säugling das **Gefühl von Hoffnungslosigkeit** zurück, die zu Angepasstheit und **Zurückstellung der eigenen Bedürfnisse** führen kann. Gleichzeitig entsteht eine enorme **Trennungsangst** und damit die Tendenz, sich versorgen zu lassen. Zwei Persönlichkeitsaspekte durften wahrscheinlich nicht wachsen: Stolz und Selbstvertrauen. Stolz auf sich und die eigene Leistung, Vertrauen in sich und die eigenen Fähigkeiten. Das **Übergewicht wird zur vermeintlichen Lösung** und stellt Distanz zu anderen her. Das Bedürfnis nach Nähe bleibt aber bestehen und so kann bei stark ausgeprägtem Übergewicht das **Über-Essen** auch als **Kompensation** von Hunger auf **Nähe** und **Berührung** verstanden werden.

Zwei Aspekte durften nicht wachsen: Stolz und Selbstvertrauen.

Symbolisch kann das Übergewicht auch als Antwort auf einen physischen oder emotionalen Mangel gesehen werden, unter dem man als Kind gelitten hat. Vielleicht ist Essen schon lange die Lösung für den seelischen Hunger, der in der Kindheit nicht gut genug gestillt wurde. Je größer der Schmerz aus dieser Zeit ist, umso hung-

Je größer der Schmerz, umso hungriger sind Seele und Körper.

riger sind Seele und Körper. In diesem Fall braucht zuerst die Seele Nahrung, damit der unstillbare Hunger weniger werden kann. Für **schwer übergewichtige** Männer und Frauen hat Essen **häufiger** eine **emotionale Funktion** als für Normalgewichtige. Es kommt zu einer **Stimmungsverbesserung bei Nervosität, Angst, Einsamkeit oder Langeweile.** Das psychisch bedingte Überessen dient somit der Reduktion von negativen Empfindungen. Im Gegensatz zu den Therapiekonzepten für die klassischen Essstörungen wird in der Behandlung bei schwerem Übergewicht den psychodynamischen Aspekten viel zu wenig Aufmerksamkeit gegeben. Gelernte Beziehungsmuster der Herkunftsfamilie werden ins Erwachsenenalter übernommen und dort konserviert. In einigen Fällen reicht es daher nicht, eine Diät zu machen oder Verhaltensänderungen anzustreben, es müssen Denk- und Erfahrungsmuster verändert werden.

Die prototypischen Übergewichtsursachen gibt es nicht.

Die prototypische Übergewichtsentstehung gibt es nicht. Übergewicht ist das Ergebnis eines spezifischen **Ess- und Bewegungsverhaltens** im Zusammenwirken mit der **genetischen Ausstattung** sowie den **Interaktionsmustern** in **Herkunftsfamilie** und **Beziehung**. Die **psychodynamischen Muster bewirken** oft, dass das **Übergewicht** trotz großer Anstrengung bestehen **bleiben muss**. Man hat halt wieder einmal das falsche Mittel oder die falsche Diät ausgewählt oder einen zu schwachen Willen gehabt. Und wahrscheinlich war der Zeitpunkt unpassend. Dieses wiederholte „Versagen" wegen nicht Erkennens bzw. Verleugnens der Krankheit lässt Betroffene immer tiefer und tiefer in Abhängigkeiten, Unzulänglichkeits- und Wertlosigkeitsgefühle rutschen. Einziger Ausweg: essen. Damit beginnt eine Esssuchtspirale, die sich nach unten bewegt und aus der sich zu lösen für viele sehr schwierig ist. Nur der mühsame Weg zur Selbstfindung und zur eigentlichen Autonomie hilft, das psychisch bedingte Übergewicht und die Esssucht loszuwerden.

Selbstfindung und Autonomie machen frei von psychisch bedingtem Übergewicht und Esssucht.

Zwischen hungrig und nie satt

Gegessen wird nicht, was schmeckt, sondern was man sich erlaubt.

Was oft harmlos mit Kalorienzählen beginnt, wird oft zu einem ***gezügelten Essverhalten***. Gegessen wird nicht, was schmeckt, sondern was man sich gerade erlaubt. Ist eine solche Kontrolle bei Übergewicht sinnvoll und erfolgreich? Der Wunsch, schlank zu sein, ist ein wichtiges Motiv, das oft das Essverhalten in die Zügel nimmt. In der Früh Kaffee, zu Mittag ein Apfel, vielleicht auch eine Banane, nachmittags ein Schokoriegel und am Abend Salat mit gegrillten Putenstreifen, möglichst ohne Gebäck. Gezügeltes Essen hat Wirkungen und Nebenwirkungen. Um abzunehmen, wird versucht, die ***Nahrungsaufnahme einzuschränken***, sei es im Rahmen der gerade gängigen Schlankheitsdiät, Kalorienzählen, Vermeiden bestimmter Lebensmittel, Bevorzugung kalorienärmerer Lebensmittel, kleinere Portionen oder das Auslassen von ganzen Mahlzeiten oder Mahlzeitenkomponenten, z. B. Beilagen. Einige dieser Strategien sind ein brauchbares Werkzeug, um das Gewicht zu reduzieren. Denn auch wenn Essen noch so sehr mit Emotionen verbunden ist, es braucht die ***kognitive Kontrolle***, die für den Erfolg einer Gewichtsreduktion entscheidend ist. Aber was auf der einen Seite gewünschtes Ziel ist, ***birgt auch Gefahren in sich***. Manchen gezügelten EsserInnen gelingt es so, dauerhaft ihr Körpergewicht zu halten, andere reagieren mit Essanfällen oder anderen Störungen bis hin zur Entwicklung von Essstörungen.

Gezügeltes Essen hat Nebenwirkungen.

Essen wird durch zwei Grenzen abgesteckt. Auf der einen Seite steht der ***Hunger*** – auf der anderen Seite die ***Sättigung***. Je größer der Hunger wird, umso größer wird auch der Druck, etwas essen zu wollen und zu müssen. Mit zunehmender Sättigung steigt auf der anderen Seite der Druck, mit dem Essen aufzuhören. Der ***Organismus*** ist bestrebt, beide ***Grenzzonen*** tunlichst zu ***vermeiden***, da beides mit Unwohlsein verbunden ist. Beim gezügelten Essen gibt es aber eine ***drit-***

Essen wird durch zwei Grenzen abgesteckt.

te, selbst auferlegte Grenze. Die „***Diätgrenze***" ist zwischen Hunger und Sättigung angesiedelt. Der ***Kopf bestimmt***, wie viel und was unter normalen Umständen gegessen werden darf. Wird diese Grenze enthemmt, durch eine Einladung zur Geburtstagsfeier oder einem „all you can eat"-Buffet, wird über die Diätgrenze bis zur Sattheitsgrenze weitergegessen. Im Kopf entsteht der Satz: „***Jetzt ist es auch schon egal***". Allerdings sind bei gezügelten EsserInnen die ***Hunger- und Sattheitsgrenze verschoben***. Sie haben weniger schnell Hunger, werden aber auch langsamer satt. Das bedeutet: Eine höhere Sättigungsgrenze erlaubt eine höhere Nahrungsaufnahme.

In Untersuchungen zum spontanen Appetitverhalten wurden Personen gefunden, die ***normalgewichtig*** waren, ***aber in ihrem Verhalten den stark übergewichtigen*** ähnlich sind. Diese Personen wurden als „***latent Übergewichtige***" beschrieben. Für manche scheint das Konzept des gezügelten Essens durchaus aufzugehen. Die ***Enthemmung des gezügelten Essverhaltens*** erfolgt allerdings nicht nur durch Verführungen von außen, auch ***Emotionen*** können die Essmenge steigern. Tatsächlich zeigt eine Reihe von Studien, dass gezügelte EsserInnen unter Einwirkung von negativen und positiven Emotionen mehr essen als nicht gezügelte EsserInnen. Die Annahme liegt nahe, dass das gezügelte Essverhalten bei gleichzeitigem Vorliegen von emotionaler Enthemmung (= emotionales Überessen) nicht funktioniert und eine weitere Gewichtszunahme nach sich zieht. Wenn das Essverhalten also leicht durch Emotionen oder durch Außenreize („Schaut das gut aus, das muss ich essen!") gestört wird, hat dies wesentlichen Einfluss auf das Körpergewicht. In diesem Fall sollte die rigide Kontrolle des Essverhaltens einer flexibleren Kontrolle weichen. „Ausrutscher" sind erlaubt und führen nicht dazu, dass das Konstrukt in sich zusammenfällt und dann wie beim rigiden Essverhalten überkompensiert wird – nach dem Motto „auch schon egal".

Gezügeltes Essverhalten bei gleichzeitiger emotionaler Enthemmung funktioniert nicht. Die Folge: Gewichtszunahme

Übrigens: ***Kinder lernen von*** ihren ***Eltern***. Durch Nachahmung werden Handlungen verinnerlicht, egal ob diese korrekt oder fehlerhaft sind. Dadurch haben Eltern einen enormen Stellenwert, wenn es darum geht, Kinder zu einem gesunden, genussvollen Essverhalten zu erziehen. So zeigte eine Studie, dass ***Kinder von gezügelt essenden Eltern eher übergewichtig*** werden. Der Grund liegt nicht nur im ungesunden Essverhalten direkt, sondern auch in den unbe-

Ausrutscher sind erlaubt!

wussten Verhaltensweisen, wie z. B. das Unterdrücken des angeborenen Hunger- bzw. Sättigungsmechanismus des Kindes.

Die Gegenregulation

Der rigide Vorsatz, z. B. nie mehr Kuchen zu essen, kollidiert sehr schnell mit anderen Bedürfnissen. Etwa wenn die Kollegin frischen, selbst gebackenen Kuchen mitbringt und die Höflichkeit verlangt, ein Stück davon zu kosten. Das **psychologische Drama der rigiden Vorsätze** besteht darin, dass sie **keine Ausnahme zu zulassen** und bei der geringsten Überschreitung in sich zusammenbrechen. Verhaltenskontrollen, die auf Vorsätzen wie „immer", „ab sofort", „nur noch" oder „nie mehr" basieren, sind rigide, also Alles-oder-Nichts-Vorsätze, die durch die **geringste Überschreitung** in eine Gegenregulation, eine **Essattacke**, übergehen. Dadurch wird Misserfolg erlebt und das Selbstwertgefühl geschwächt, was zu einer weiteren Essattacke führen kann, um das negative Gefühl abzuwehren. Im Gegensatz zur rigiden Kontrolle bietet die flexible Verhaltenskontrolle die Möglichkeit zur Korrektur. Flexible Kontrollen setzen ein Ziel fest, das nur etwas vom bisherigen Verhalten abweicht, und beziehen sich auf einen überschaubaren Zeitraum „eine Woche", „ein

Flexible Verhaltenskontrolle bietet die Möglichkeit zur Korrektur.

Monat". **Der Wunsch, den Kuchenkonsum einzudämmen, kann in den flexiblen Vorsatz münden:** „Ich versuche, in der kommenden Wochen nur an drei Tagen Kuchen am Nachmittag zu essen". Wichtig ist, dass die **flexible Kontrolle in kleinen Schritten** passiert, um den **Erfolg zu sichern**. Das Ziel soll fordern, aber nicht überfordern. Die flexible Kontrolle kann aber auch dafür angewendet werden, den Konsum erwünschter Lebensmittel zu steigern. Prinzipiell ist die Taktik nach **„mehr" Gesundem zielführender als der Versuch**, **„weniger" Ungesundes zu essen**.

Das Ziel soll fordern, aber nicht überfordern.

Essen Sie mehr Lebensmittel, die eine Gewichtsreduktion unterstützen – die Ungesunden verschwinden zum Großteil von selbst. „Ich esse nur noch Vollkornbrot" führt als rigide Verhaltenskontrolle schnell zur unerwünschten Gegenregulation und Sie essen nie wieder Vollkornbrot, weil Sie sich überfordert haben. Aussichtsreicher dagegen ist der flexible Vorsatz: „Nächste Woche versuche ich, zum Frühstück zweimal Vollkorngebäck zu essen". Erfolgreiches Verhaltensmanagement schlägt sich langfristig in Gewichtsverlust nieder. Aber bedenken Sie: **Essen ist keine Angelegenheit, die ausschließlich vom Verstand gesteuert wird.** Auch biologische und emotionale Faktoren haben ein gewichtiges Wort mitzureden. Rückfälle gehören zu jeder Veränderung, gerade, wenn es sich um etwas so gut Gelerntes wie das Essverhalten handelt. **Ein Rückfall bedeutet nicht, dass Sie versagt haben, sondern, dass Sie „dran" sind** und verschiedene Dinge ausprobieren. Manche erweisen sich als hilfreich, andere nicht. Jeder Rückfall ist auch ein **Lernprozess**. Es ist demnach wesentlich einfacher, „dran zu bleiben". Eine **Gewohnheit zu „verlernen"** dauert nach Erfahrungen von Verhaltenstherapeuten **30 bis 60 Tage.** Bei einem über die Jahre so gut eingelernten Verhalten wie **Essen** kann man davon ausgehen, dass es noch **ein bisschen länger dauert**, bis sich das neue Muster etabliert hat.

Rückfälle gehören zur Veränderung.

Verbote sind verboten

Wer sich bestimmte ***Lebensmittel verbietet***, macht nichts anderes, als ***diese besonders attraktiv zu machen***. Wenn Sie sich auferlegen, nie wieder Äpfel zu essen, werden Sie plötzlich Appetit darauf verspüren – selbst wenn Sie sonst nicht gerade zu den großen Apfelfans gehören. Das ***Gedankenunterdrücken verbraucht*** jede Menge ***Speicherkapazität*** des Gehirns, immerhin müssen Sie ständig daran denken, jetzt keinen Apfel bzw. keine Schokolade zu essen. Wenn der Gehirn- und Gefühlspeicher am Abend voll ist, passiert es: Die Schokolade wird heimlich aus der Naschlade geholt oder der Kühlschrank wird innerhalb von kurzer Zeit entleert.

Sieben Wege ins Zuviel

Unser Körper kennt Tricks, um uns zum Essen zu verleiten.

Wenn der Magen leer ist und zu knurren beginnt, das Hungerhormon Ghrelin in Fahrt kommt, dringt es rasch ins Bewusstsein: ***„Ich habe Hunger!“*** Wer dieses ***Signal übergeht***, wird mit ***Übelkeit***, ***Kopfschmerzen und Schwindelgefühl*** vom Körper abgemahnt. Die ***Konzentrations- und Leistungsfähigkeit sinkt***, bald gibt es nur noch ein Ziel: Essen! Dennoch ist „Hunger“ nur ein Grund unter vielen, warum wir essen, was wir essen und wann wir essen. Unser Körper kennt jede Menge Tricks, um uns zum Essen zu verleiten, auch wenn das Hungergefühl nicht annähernd spürbar ist.

Tageszeit

Durch ***Routine*** und immer wiederkehrende Wiederholung erwartet der Körper Frühstück, Mittagessen und Abendessen. Und das immer zur selben Tageszeit. Der Grund, warum wir um 12.00 Uhr Mittag hungrig werden, ist vielmehr, dass wir immer um diese Uhrzeit essen, als dass der Körper seine ***Hungersignale*** aussendet.

In einem Versuch nahm man den teilnehmenden Personen unter einem Vorwand die eigene Uhr ab und beschäftigte sie längere Zeit. Im Testraum hing gut sichtbar eine Uhr, die man sowohl langsamer als auch schneller laufen lassen konnte. Der Test wurde beendet, als die falsche Uhr die gewohnte Essenszeit zu Mittag signalisierte – tatsächlich war es, je nach Versuch, früher, später oder auch wirklich Mittagszeit. Vom angebotenen Imbiss wurde von den übergewichtigen Versuchspersonen besonders viel gegessen, wenn die Uhrzeit die Mittagszeit anzeigte, während Normalgewichtige ihre Essensmenge eher an der tatsächlichen Uhrzeit orientierten.

Wie oft essen?

Dreimal, fünfmal – oder noch öfter? Die WissenschaftlerInnen sind sich uneinig, sodass darüber ***keine abgesicherte Verhaltensregel*** ausgegeben werden kann, wie oft man essen soll. Die ***Signale des eigenen Körpers*** sind ausschlaggebend: Wer oft ***große Hungergefühle*** und Heißhungerattacken hat, sollte ***mehr Mahlzeiten*** einplanen. Wenn Sie jedoch gerne große Portionen auf dem Teller haben und darum kämpfen, „aufhören zu können", sollten Sie versuchen, Ihre Kalorien auf weniger Mahlzeiten aufzuteilen. So müssen Sie auch seltener darum kämpfen „aufzuhören".

Zu welcher Tageszeit man isst, ist der Kalorienbilanz egal.

Auch zu welcher Tageszeit man isst, ist der Kalorienbilanz egal. Aber: Was gegen allzu späte Abendmahlzeiten spricht, ist, dass die Verdauung noch nicht richtig in Gang gekommen ist, bevor man mit gefülltem Magen schlafen geht. Dieser drückt dann auf innere Organe und beeinträchtigt so die Schlafqualität. Und wir wissen bereits, wer wenig schläft, nimmt zu! Als Faustregel gilt: zwei bis drei Stunden vor dem Zu-Bett-Gehen die letzte Mahlzeit.

Verlockender Anblick

Wer kennt das nicht: Man war gerade mit den Gedanken irgendwo und plötzlich kommt man am Schaufenster der Bäckerei vorbei. Und da sind sie, die Kuchen und Torten, die einem zuwinken. Manchmal ist die ***Versuchung so stark***, dass man das Geschäft betritt und so ein verlockendes Stück ***Torte kauft***, ***ohne dass man hungrig ist*** oder vorgehabt hätte, Torte zu kaufen. Untersuchungen zeigen, alleine der ***Anblick von Fotos*** der bevorzugten Speisen ***aktiviert das Gehirn***, während Fotos von ungeliebten Speisen, von denen man sich weniger Genuss verspricht, die Gehirnareale kalt lassen. Manchmal reicht der Gedanke an die Lieblingsspeise und das Wasser beginnt bereits im Mund zusammenzulaufen. Der Körper macht sich für's Essen bereit.

Duftende Speisen

Übergewichtige lassen sich stärker von Außenreizen leiten.

Anblick und angenehmer ***Geruch*** einer Speise signalisieren dem Körper, dass es bald Essen gibt. Die Appetit-Kaskade kommt in Schwung und versetzt den Körper in Aufnahmebereitschaft. Die Ausschüttung von Insulin vermittelt uns, dass wir hungrig sind, auch wenn wir gerade nur am frisch gebackenen Brot-Geruch vorbei gegangen sind. Übergewichtige Personen neigen dazu, sich stärker von den Außenreizen, wie verlockendem Anblick und angenehmem Geruch einer Speise, leiten zu lassen als von den Innenreizen, wie Hunger oder Durst.

Portionsgröße

Zahlreiche Studien bestätigen, dass bei ***Menschen mit Übergewicht*** die ***innere Regulation der Sättigung nicht gut ausgepräg***t bzw. nicht wahrgenommen wird. Sie essen, bis der Teller leer ist. Eine Untersuchung zeigt das eindrucksvoll: Versuchspersonen wurden gebeten, eine neue Suppe zu verkosten. Was sie nicht wussten, war, dass die

Suppe unsichtbar über ein Loch im Boden des Suppentellers immer wieder aufgefüllt wurde, sobald etwas entnommen wurde. Stark übergewichtige Personen aßen 180 Prozent mehr von der Suppe, bis sie diesen Füllmechanismus bemerkten, als ihre normalgewichtigen VersuchskollegInnen. ***Der „leere Teller“*** hat bei ihnen offenbar die ***Signalwirkung*** für die ***Sättigung***, die ausbleibt oder erst sehr verzögert eintritt, wenn der Teller nicht leer wird.

Wer immer wieder über die Sättigungsgrenze hinaus isst, gewöhnt sich daran.

Die ***langsamere Sättigung*** ist wahrscheinlich ein ***gelerntes Verhalten***, das sich über die Zeit verselbstständigt. Wer immer wieder über die Sättigungsgrenze hinaus isst, gewöhnt sich daran und verstellt so die Grenzzone nachhaltig. 75 Prozent derjenigen, die als Kind aufessen mussten, essen auch als Erwachsene, bis der Teller leer ist. Eine andere Untersuchung zeigte den direkten ***Zusammenhang*** zwischen ***Portionsgröße*** und ***Energieaufnahme***. Je größer die angebotene Portion eines Nudelgerichts war, umso mehr Nudeln wurden gegessen. Die Versuchspersonen nahmen um 30 Prozent mehr Energie auf, wenn ihnen statt der kleinsten Portion (500 g) die größte Portion (1000 g) serviert wurde. Nur 45 Prozent der TeilnehmerInnen nahmen dabei überhaupt wahr, dass ihnen an unterschiedlichen Tagen unterschiedlich große Portionen serviert wurden.

Portionsgrößen sind kontinuierlich gewachsen.

Die ***Schwierigkeit***, mit der man als „Teller-LeeresserIn“ umzugehen lernen muss, sind die ***Portionsgrößen des Handels*** und der ***Gastronomie***. Die Portionsgrößen sind in den vergangenen Jahrzehnten kontinuierlich gewachsen. Die Verpackungseinheiten von z. B. Kartoffelchips haben seit den 1960er-Jahren um rund 300 Prozent zugelegt. Die Portionsgröße von Schokoriegeln ist zwischen 1990 und 1996 um 53 Prozent gestiegen. Die Standardpackung Gummibärchen hatte vor rund 35 Jahren noch 75 Gramm, heute ist sie 200 Gramm schwer. Das ***Packung-Leeressen*** wäre ***nicht*** weiter ***problematisch***, würde man ***beim nachfolgenden Essen*** die Essmenge entsprechend ***anpassen***.

Je größer die Portion, umso mehr wird gegessen.

Zwei Studien zeigen allerdings andere Ergebnisse: Im ersten Experiment wurden Kartoffelchips in fünf unterschiedlichen Mengen verpackt. Die VersuchsteilnehmerInnen aßen die Chips direkt aus der Packung. Sowohl bei Männern als auch bei den Frauen hatte die ***Größe der Portion*** erheblichen ***Einfluss auf*** die ***verspeiste Menge*** – je mehr Inhalt, umso mehr wurde auch gegessen. Beim nachfolgenden Abendessen zeigte sich allerdings keine Anpassung auf die unterschiedlichen Chips-Snackmengen. Das zweite Experiment zeigte, dass die deutliche Erhöhung der Portionsmengen (50 Prozent und 100 Prozent größer als normal) auch über zwei Tage zu keinem Ausgleich in der Energieaufnahme führte. Der Trend flachte auch nach einiger Zeit nicht ab. Der Außenreiz „es ist noch etwas in der Packung" ist wesentlicher für die Regulation der gegessenen Menge als der höhere Energiegehalt.

Gerade bei Fertiggerichten lohnt der Vergleich: Kalorienangaben beziehen sich meist auf 100 Gramm des verpackten Lebensmittels. Wenn die vermeintlich kalorienärmere Pizza aber um einiges größer ist, ist der Effekt schnell wieder wettgemacht. Denn die Pizza wird meist komplett gegessen, egal ob sie 300 oder 350 Gramm hat. Der Kauf kleinerer Portionen und Packungen erleichtert die Gewichtsregulation. Allerdings sind die kleineren Verpackungen im Vergleich zu den Großpackungen meist teurer. Dieser Nachteil sollte allerdings zu Gunsten der verbesserten Gewichtsregulation bewusst in Kauf genommen werden.

Kleinere Portionen und Packungen erleichtern die Gewichtsregulation.

Vielfalt

Stellen Sie sich vor, Sie stehen vor einem Buffet – das noch dazu gut aussieht. Üblicherweise folgt die Idee: von allem etwas kosten. Je größer die Vielfalt, umso mehr sind wir verleitet, davon zu essen. ***Von allem etwas probieren und von dem, das besonders gut geschmeckt hat, braucht man noch einen Nachschlag.*** Menschen essen dann besonders viel vom Buffet, wenn viele verschiedene Geschmacksrichtungen darauf zu finden sind und es farbreich angereichtet ist. Üblicherweise hat man diese Situation aber eher selten vor sich, sodass das Gewicht davon kaum beeinflusst wird. Allerdings führt auch ***zu viel Abwechslung*** innerhalb einer Mahlzeit ***dazu, dass mehr gegessen wird***. Durch das Phänomen der ***„Spezifisch Sensorischen Sättigung"*** entwickelt sich relativ rasch eine ***Ablehnung einer Geschmacksrichtung***. Doch verschiedene Beilagen, die unterschiedlich schmecken, verleiten zum Weiteressen. Wer gerade einen großen Teller Spaghetti gegessen hat, wird wohl kaum zur Nachspeise mit nochmals Spaghetti, noch dazu mit derselben Sauce, verführbar sein. Doch obwohl man mehr als satt ist, eine süße Nachspeise geht immer. Der Grund dafür: Die Nachspeise findet sich zumeist in einer ***ganz***

Verschiedene Beilagen verleiten zum Weiteressen.

Eine süße Nachspeise geht immer …

anderen Geschmackskategorie wieder. Auf salzig-pikant folgt süß. Damit wird vermieden, dass wir tagein, tagaus das Gleiche essen – die „***Spezifisch Sensorische Sättigung***" ist somit **Grundlage für** eine **abwechslungsreiche Ernährung**. Allerdings auch Grundlage dafür, dass wir **über** unsere ***Sättigungsgrenze hinaus*** essen. Grundsätzlich gilt: Die Auswahl während einer Mahlzeit zu begrenzen, hilft, sich schneller satt zu fühlen. Es braucht nicht viele verschiedene Wurst- und Käsesorten zum Abendessen. ***Je mehr auf dem Tisch liegt, umso mehr werden Sie davon essen.*** Nämlich von überall etwas. Die Abwechslung sollte aber über den gesamten Speiseplan gegeben sein. Denn es gibt kein Lebensmittel, von dem wir uns ein ganzes Leben lang ernähren können, ohne den einen oder anderen Nährstoffmangel zu bekommen. Besser: Heute Wurstbrot und morgen Käsebrot als beides gleichzeitig.

Die Auswahl bei einer Mahlzeit zu begrenzen, hilft, sich schneller satt zu fühlen.

Besser heute Wurstbrot, morgen Käsebrot als beides gleichzeitig.

In diesem Zusammenhang ist die **Getränkeauswahl** zum Essen wesentlich. Auch wer ***süße Säfte***, **Limonaden** und ***Alkohol*** zur Mahlzeit dazu trinkt, ***verschiebt die Sättigungsgrenze***. Durch das „***süße***" ***Trinken werden die Geschmacksknospen ständig mit neuen Anregungen versorgt und das Sattheitsgefühl lässt auf sich warten. Besser***: Neutrales Wasser zum Essen trinken und sich den Fruchtsaft oder das ***Glas Wein für danach*** aufheben.

Alkohol

Ein Glas Wein oder Bier zur Mahlzeit verschiebt nicht nur aufgrund der „Spezifisch Sensorischen Sättigung" die Sättigungsgrenze nach hinten; ***Alkohol kurbelt auch den Appetit an***. Üblicherweise steigt nach dem einen oder anderen Gläschen der Gusto auf zumeist deftiges und salziges Essen. Ein ***Aperitif*** hat die Aufgabe, den ***Appetit anzuregen*** und auf die bevorstehende Mahlzeit einzustimmen. Die ***Magensaftproduktion*** wird ***angekurbelt***. Dazu kommt, dass die Schranken schneller fallen, wenn man leicht beschwipst ist. Die Hemmschwelle ist nicht nur bei dem, was man sagt, herabgesetzt, sondern die Vorsätze, vernünftig zu sein, fallen auch leichter. Der Griff zum nächsten Glas fällt schon ***leichter***, genauso wie der ***Griff zu den Erdnüssen oder anderen Snacks***. Für Menschen, die ihr Gewicht im Auge behalten müssen, ist aber auch der ***Kaloriengehalt von alkoholischen Getränken nicht zu unterschätzen***. Alkohol steht da dem Fett kaum nach, beide liefern etwa gleich viel in die Kalorienbilanz. Alkoholische Mixgetränke und Cocktails enthalten zusätzlich zum Alkohol reichlich Zucker, manchmal auch Fett, und sind damit echte Kalorienbomben. So lassen alkoholische Getränke die Kalorienbilanz auf der Einnahmenseite schnell anwachsen. Für die Gewichtsreduktion hat Alkohol also als Kalorienquelle wesentliche Bedeutung, die aber gerne „vergessen" wird.

Kalorienquelle Alkohol

Noch dazu hat die ***Verbrennung des Alkohols*** für den Körper Vorrang, sodass alle ***anderen Nährstoffe zweitranging*** behandelt und zwischenzeitlich in den Depots gelagert werden. Besonders deutlich ist die Fettverbrennung gehemmt, wenn sich Alkohol im Blut befindet.

Alkohol nur zu besonderen Anlässen

Auch wenn ein Glas Wein zum Genuss einer guten Mahlzeit gehört und eine gesundheitsfördernde Wirkung hat – wer abnehmen will, sollte Alkohol nur zu besonderen Anlässen trinken. Gönnen Sie sich ein Glas Bier oder Wein gezielt zum Genuss. Und für alle gilt: ***Ein bisschen Alkohol mag ja gut sein, aber mehr ist nicht besser!***

Temperatur

Je kühler es ist, umso mehr essen wir. Essen wärmt Körper und Seele von innen. Gleichzeitig ist ***Wärme*** ein ***Sattheitssignal***. Nicht immer hat man Lust, ein warmes Essen zu kochen. Eine Tasse warmer Tee vor oder nach einem kalten Abendessen hat den gleichen wärmenden Sattheitseffekt. Wer auch noch eine Nachspeise „braucht", darf ihn süßen. Für alle, die sie mögen, können Suppen eine wärmende, kalorienarme Alternative sein. Klare Gemüse- und Fleischsuppen haben gegenüber dicken Cremesuppen den Vorrang. Auch die Umgebungstemperatur hat Einfluss auf unser Essverhalten. Kühlere Außentemperaturen signalisieren dem Körper: Essen! Eine Tatsache, die sich das eine oder andere Restaurant zunutze macht. Sorgen Sie für eine ***angenehme Wohntemperatur*** – allerdings, das eine oder andere Grad ***weniger im Schlafzimmer*** kann helfen, ***während des Schlafens ein paar Kalorien mehr zu verbrennen***, und schont die Umwelt.

Die unbewusste Manipulation der Gefühle

Optimal: viele verschiedene Bewältigungsstrategien

Es gibt verschiedene ***Möglichkeiten***, um ***negative Gefühle*** und ***Stress*** zu ***bewältigen***. Im Lauf seines Lebens findet und etabliert man bestimmte ***Bewältigungsstrategien***, die man als besonders geeignet einstuft, emotionale Verunsicherung und unangenehme Gefühle zu vermindern. Das kann durch Aneignung von Wissen und Kompetenz, von Macht, Reichtum oder auch mit Statussymbolen funktionieren. Aber auch Hobbys helfen dabei. Optimal wäre es, möglichst viele verschiedene Bewältigungsstrategien parat zu haben. Auch ***Essen ist eine Strategie das emotionale Gleichgewicht zu stabilisieren***. Jede Mahlzeit und jeder Snack wirkt direkt und indirekt auf verschiedene Neurotransmitter, die wiederum Gefühle, Schlaf, Energie, Stresslevel, aber auch den Appetit beeinflussen.

Serotonin harmonisiert.

Neurotransmitter übermitteln ***Informationen*** von einer ***Nervenzelle zu einer anderen***. Ein sehr wichtiger Neurotransmitter ist, in diesem Zusammenhang das ***Serotonin***. ***Hohe Serotoninlevel verbessern die Stimmung***, ***dämpfen*** den ***Appetit***, erhöhen die ***Schmerzschwelle*** und helfen uns, selig wie ein Baby zu schlafen. Wenn das Serotonin im Keller ist, neigen wir zu Schlaflosigkeit, schlechter Stimmung, vermehrtem Verlangen nach Süßem und aggressivem Verhalten. Praktisch jede Nervenzelle im Gehirn steht ständig unter dem harmonisierenden Effekt von Serotonin. Das ganze Gehirn wird in rhythmischer Abfolge mit einem Schwapp Serotonin überflutet. Nur wenn man schläft, schläft auch der ***Serotonin-Schwapp***. Und wenn man träumt, ist er ganz still. Im Traumschlaf wird dann entharmonisiert, dann können Bilder auftreten, die nicht zusammenpassen. Im Traum kämpft man mit wilden Tieren, flüchtet mit dem Rockstar in ein exotisches Land und die Schwiegermutter hat drei Köpfe, alles ist möglich. Das harmonisierende Transmittersystem schweigt im Traumschlaf.

Kein anderer Neurotransmitter verbindet Essen und Stimmung so stark wie Serotonin.

Kein anderer Neurotransmitter verbindet Essen und Stimmung so stark wie Serotonin. Der Serotonin-Schwapp ist das einzige Transmittersystem im Gehirn, das sich durch Essen wesentlich beeinflussen lässt.

Grund genug, sich mit seiner Funktion auseinanderzusetzen: ***Serotonin wird im Gehirn durch den Eiweißbaustein (=Aminosäure) Tryptophan gebildet.*** Tryptophan ist eine sehr große Aminosäure, die mit anderen großen Aminosäuren um die Aufnahme ins Gehirn wetteifert. Niemand isst reines Tryptophan, wir essen Speisen und Mahlzeiten, die eine bunte Mischung an Nährstoffen und Aminosäuren haben. Wenn man eine ***eiweißreiche Mahlzeit*** (z. B. Fleisch, Ei, Hülsenfrüchte) isst, kommt durch den Konkurrenzkampf der Aminosäuren nur eine ***kleine Menge Tryptophan*** zur Bildung von Serotonin ***ins Gehirn***. Anders ist das bei einer ***kohlenhydratreichen Speise*** (z. B. Brot, Nudeln, Süßes). Kohlenhydrate führen zur ***Insulinausschüttung***. Insulin bindet die Aminosäuren, die im Blut herumschwimmen, und bringt sie in die Körperzellen, nicht aber in die Gehirnzellen. Das Tryptophan hat weniger Konkurrenz und wird leichter ins Gehirn aufgenommen – die Serotoninbildung kommt in Fahrt. ***Was folgt, ist leichte Müdigkeit und innere Ruhe.*** Auf diese Weise wird der Harmonisierungseffekt des „natürlichen" Serotonin-Schwapps verstärkt. ***Besonders groß ist dieser Effekt, wenn Süßigkeiten gegessen werden, da sie zu einer großen Insulinausschüttung führen.*** Je mehr Insulin ausgeschüttet wird, umso weniger Konkurrenz macht dem Tryptophan zu schaffen und umso mehr Serotonin wird gebildet. Vielleicht mit ein Grund, warum wir uns nach einem üppigen Menü noch nach etwas Süßem sehnen. Die Wirkung ist allerdings nicht bei allen Menschen gleich groß. In einem Versuch zeigte sich nur bei emotional angeschlagenen Personen eine Wirkung aufgrund der kohlenhydratreichen Mahlzeit.

Das Schoko-High ist schnell wieder vorbei.

Diejenigen, die sich nicht zu den Naschkatzen zählen, können den harmonisierenden Effekt aber auch mit Fett erreichen. ***Wenn man viel Fett isst, steigt der Spiegel an freien Fettsäuren im Blut an.*** Diese freien Fettsäuren konkurrieren wiederum mit dem Tryptophan – die Folge ist wieder ein kleiner Schwapp an Harmonie. Wenn das mit Zucker so gut funktioniert und auch mit Fett – wie toll muss das erst mit der Kombination von Fett und Zucker sein. Da haben wir es wieder: unser ***Schokolade-High***. Doch dieser Effekt hält nur kurze Zeit an: Nach ein bis zwei Stunden ist der angenehme Spuk vorbei. Wer dann noch immer schlecht drauf ist, braucht eine neue Ration an Süßem und/oder Fettigem. Oder eine gute kalorienfreie Alternative, die aufheitert. Es ist bekannt, dass ***übergewichtige Menschen besonders oft zu der Kombination aus Süß und Fett greifen.*** Das muss nicht innerhalb einer Speise sein, die Vorliebe betrifft ganz allgemein fettreiche und süße Speisen und Lebensmittel.

Eater's High

Vergnügliche Aktivitäten heben das Endorphinlevel.

Mit dem ***Serotonin-Schwapp*** haben wir wahrscheinlich den ***wichtigsten Einfluss von Nahrungsmitteln auf unsere Stimmung***, aber es ist nicht der einzige. Unter anderem sind ***auch Endorphine, die Glücksgefühle und Zufriedenheit auslösen, durch Essen stimulierbar***. Endorphine werden vom Körper ausgeschüttet, wenn wir Sport treiben – in diesem Zusammenhang ist das „Runner's High" bei Marathon-LäuferInnen berühmt geworden. Aber auch, wenn wir gute Musik hören, gemeinsam lachen, meditieren und bei anderen vergnüglichen Aktivitäten steigt das Endorphinlevel an. ***Endorphine machen Essen zu einem vergnüglichen Erlebnis***. Allerdings haben sie keinen Effekt bei unseren „gesunden" Essgewohnheiten – bei Brokkoli, Spinat & Co bleiben die Endorphine stumm. In Fahrt geraten sie nur bei Kuchen, Torten, Eiscreme und anderen cremigen Süßigkeiten. Dabei schaukelt sich das Endorphinlevel immer weiter auf. Jede Praline hebt den Endorphinspiegel im Gehirn noch mehr an und führt dazu, dass man die Schachtel mit Schokokonfekt in einem aufisst und nicht mehr aufhören kann, bevor sie auch wirklich leer ist.

Runner's High bezeichnet bei SportlerInnen einen euphorischen Gemütszustand, in dem körperliche Anstrengung vergessen wird und man das Gefühl hat, ewig weiterlaufen zu können.

Die schlüssige biochemische Erklärung von Serotonin-Schwapp und Endorphinen wird von einigen ExpertInnen aber auch kritisch beleuchtet. Unklar ist, ob die Kohlenhydrat-Menge in einer Mahlzeit tatsächlich ausreicht, um diesen Effekt zu bewirken. Außerdem wird angemerkt, dass Mahlzeiten unter Alltagsbedingungen aus Kohlenhydraten, Eiweiß und Fett in unterschiedlichen Verhältnissen zusammengesetzt sind, sodass auch hier keine eindeutige Erhöhung durch einen Nährstoff gegeben sein soll. Auch wenn vieles noch nicht ganz geklärt ist, das Phänomen ist den meisten Menschen durchaus bekannt.

Langeweile, Einsamkeit, Stress, Ärger und Streit mit dem/der PartnerIn verführen zum Essen.

Laut einer englischen Studie **essen 43 Prozent der Erwachsenen (= emotionale EsserInnen), um negative Gefühle zu unterdrücken.** Die häufigsten Gefühle, die zum Essen verführen, sind Langeweile, Einsamkeit, Stress, Ärger und Streit mit dem/der PartnerIn. Von diesen **emotionalen EsserInnen** waren 40 Prozent **übergewichtig**, 25 Prozent dachten, sie wären **glücklicher mit weniger Gewicht**, und weitere 25 Prozent hatten ein **schlechtes Gewissen nach dem Essen**.

Selbsttest Emotionales Essverhalten

Beantworten Sie folgende Fragen mit „Ja“ oder „Nein“. Das Wort „Essen“ steht in diesem Zusammenhang natürlich auch für „Naschen“.

Emotionales Essverhalten	JA	NEIN
Essen Sie, wenn Sie traurig oder deprimiert sind?		
Wenn Sie deprimiert sind und essen, nimmt dann die Traurigkeit kurzfristig ab?		
Essen Sie, wenn Sie wütend sind?		
Fühlen Sie sich manchmal nach dem Essen wie betäubt?		
Haben Sie manchmal ein schlechtes Gewissen nach dem Essen?		
Essen Sie, wenn Sie schlechte Laune haben?		
Fühlen Sie sich unter Druck, dünn sein zu müssen?		
Denken Sie während des Essens über Ihre Figur und Ihr Gewicht nach?		
Essen Sie, wenn Sie einsam sind?		
Essen Sie gar nichts oder sehr viel, wenn Sie gestresst sind?		
Essen Sie aus Langeweile?		
Essen Sie gar nichts oder sehr viel, wenn Sie sich unter Druck fühlen?		
Haben Sie Angst, die Kontrolle zu verlieren, wenn Sie zu essen beginnen?		
Schwindeln Sie manchmal, wenn es um Ihr Essverhalten geht (ob Sie gegessen haben oder nicht)?		
Essen Sie statt zu arbeiten bzw. um unangenehme Tätigkeiten oder Aufgaben vor sich herzuschieben?		

Zählen Sie Ihre JA-Antworten zusammen. Wenn Sie mehr als 4 Fragen mit JA beantwortet haben, zählen Sie wahrscheinlich zu den emotionalen EsserInnen, d. h., dass Sie negative Gefühle meistens mit Essen kompensieren. Je mehr Fragen Sie bejaht haben, umso höher ist Ihre Abhängigkeit von Essen in negativen Gefühlslagen.

Emotionales Essen ist mit Gewichtsproblemen verbunden.

Emotionales Essen ist üblicherweise mit Gewichtsproblemen verbunden. Doch Diäten bringen meist nicht den gewünschten Erfolg, nach einiger Zeit kommt das gewohnte Essverhalten wie ein Bumerang zurück. Das Resultat: schlechte Stimmung und das Gefühl, es wieder einmal nicht geschafft zu haben. Gleichzeitig bleiben die emotionalen Angelegenheiten, wie Ärger, Einsamkeit oder Müdigkeit, ungelöst. Scheinbar einziger Ausweg: Süßigkeiten und andere tröstende Leckereien. Der ***bessere Weg*** als der Griff in die Naschlade ist es, sich ***mit seinen Gefühlen auseinanderzusetzen*** und entsprechend der Gefühlsqualität zu handeln. ***Wer sich ärgert, macht dem Ärger besser Luft, als ihn mit Süßigkeiten niederzudrücken.***

Ausweg Süßigkeit?

Die Verführungskunst der Schokolade

Schokolade hat einen ***unverwechselbaren***, ***einzigartigen Geschmack*** und viele Personen erleben bei schlechter Stimmung ein besonders starkes Verlangen danach. Es stellt sich die Frage, wodurch dieses Verlangen ausgelöst wird. Sind es stimulierende Stoffe wie Koffein und Theobromin in der Schokolade oder das Magnesium, das im Kakao enthalten ist? Ist es die Mischung aus Zucker und Fett, die auf den Serotonin-Schwapp wirkt? Oder ist es der unvergleichliche Geschmack, den wir bereits in frühen Kindheitstagen liebgewinnen, der unsere Stimmung steigen lässt?

An Depressionen leidende Menschen essen mehr Schokolade als Nicht-Depressive.

Eine Untersuchung bestätigt die allgemeine Vermutung, dass ***Menschen*** dann zur ***Schokolade greifen***, wenn sie sich „***deprimiert***" fühlen. Bei 1.000 Versuchspersonen wurde die Beziehung zwischen Schokoladekonsum und Stimmung untersucht. Der Grad der Depression wurde anhand eines standardisierten Fragebogens ermittelt. Keine der Testpersonen nahm in diesem Zeitraum Antidepressiva. Alle StudienteilnehmerInnen wurden nach ihrem Schokoladekonsum pro Woche befragt. Das Ergebnis: Die nach der Einstufung depressivsten Frauen und Männer hatten den größten Schokoladehunger an den Tag gelegt. Sie kamen auf circa zwölf Portionen pro Monat, während die Personen in der Kontrollgruppe ohne depressive Symptome nur fünf Portionen verspeisten. Bei Testpersonen mit leichter Depression waren es acht Stück. An Depressionen leidende Menschen essen also mehr Schokolade als Nicht-Depressive.

In einer weiteren Studie wurden Milchschokolade, weiße Schokolade, Kakaokapseln und Kapseln ohne Schoko- oder Kakaoinhalt miteinander vergleichen, um beobachten zu können, ob die Inhaltsstoffe die Wirkung ausmachen. Die beiden Kapselvarianten hatten keinen Schokoladegeschmack. Siegerin war die ***Milchschokolade*, *die das Verlangen am wirksamsten stillte***. Einen leichten Effekt hatte auch die weiße Schokolade, doch die Kakaokapseln hatten keinen. Weiße Schokolade besitzt zwar die positiven Geschmacksmerkmale von Schokolade, enthält aber keinen Kakao, also auch keine psychoaktiven Inhaltsstoffe, wie Koffein und Theobromin. Diese Untersuchung zeigt, dass die geschmacklichen Merkmale der Schokolade für ihre emotionale Wirkung von wesentlicher Bedeutung sind.

Die geschmacklichen Merkmale der Schokolade sind für die emotionale Wirkung von Bedeutung.

Ein ganz klein wenig Süßes kann ganz viel Bitteres verschwinden lassen. Francesco Petrarca (1304–1374)

Ein ähnliches Ergebnis hatte folgendes Experiment: Versuchspersonen wurden eingeladen, einen traurigen Film anzusehen, wodurch sie in eine negative Stimmung versetzt wurden. Danach erhielt eine Gruppe ein Stück Schokolade und die andere einen Becher Wasser. Die Gruppe, die die Schokolade bekommen hatte, zeigte eine deutlich verbesserte Stimmung. Bei weiteren Versuchen mit einem neutralen und einem lustigen Film zeigte sich durch die Schokolade keine Stimmungsveränderung. Noch etwas wurde festgestellt: Der Effekt der verbesserten Stimmung nach dem traurigen Film war bereits bei einer sehr geringen Menge an Schokolade (5 g) zu beobachten. Und je besser jemandem die Schokolade geschmeckt hat, umso höher war die Stimmungsverbesserung.

Tricks für Schokoholics:
Greifen Sie zu einem ***besonders guten Stück Schokolade***, das Sie sehr gerne mögen. Dann reicht für die Stimmungsverbesserung auch eine kleine Menge. Aber Achtung: Die erfolgte Endorphin-Ausschüttung verführt zum Weiteressen.

⇨ Verwenden Sie ***Kakaopulver***. Ein Glas Kakao mit Magermilch stillt den Schokolade-Gusto.

⇨ Bevorzugen Sie Schokolade mit ***hohem Kakaoanteil*** – damit lässt sich der Gusto schneller zufriedenstellen.

⇨ ***Vanillejoghurt*** spart die Hälfte der Schokolademenge im Schokokuchen.

⇨ Gönnen Sie sich Ihre Schokoladeportion als ***Nachspeise***. Wenn Sie satt sind, geraten Sie nicht in Versuchung, die Schokolade gegen den Hunger zu essen.

⇨ Kaufen Sie Schokolade in ***kleinen Portionsgrößen***. Vermeiden Sie 5-zum-Preis-von-4-Angebote und somit, große Vorräte anzulegen.

⇨ Geben Sie Ihre Lieblingsschokopralinen in den ***Gefrierschrank*** – ein kühler Genuss, der im Rahmen bleibt.

⇨ Wenn Sie unterwegs sind und Sie der Schokogusto überfällt – greifen Sie zu ***Magerkakao*** im Kühlregal.

⇨ ***Riechen*** Sie an der Schokolade, bevor Sie hineinbeißen, und schmecken Sie ***bewusst***.

UND …

Wer ***Bewegung*** und Sport macht, wird ***weniger oft*** von ***Schokolade-gusto-Attacken*** heimgesucht.

Teil 3 GENUSSFÄHIGKEIT GEWINNEN

Die Seele ernährt sich von dem, worüber sie sich freut.
Aurelius Augustinus (354–430)

Voller Geschmack leicht gemacht

Essen ist Ritual, Essen ist Gewohnheit. Es wird Zeit, Essen wieder als das zu betrachten, was es sein sollte: ein Erlebnis, eine Freude – ein Genuss.

Machen Sie eine Bestandsaufnahme: Was finden Sie in Ihrem Kühlschrank, was im Vorratskasten? Inspizieren Sie Ihre Naschlade. Übertrifft die Vielfalt der Naschlade den Inhalt Ihres Kühlschrankes bei weitem? Andere Vorräte existieren gar nicht in Ihrer Küche?

Sind Kühlschrank und Vorratskasten bis in die letzte Ecke angefüllt, so dass Sie mit Leichtigkeit eine Fußballmannschaft über Wochen verpflegen könnten?

Alte Gewohnheiten durch neue ersetzen.

Wenn Sie ***gewichtsfreundlicher*** essen wollen, kommen Sie nicht darum herum, alte Gewohnheiten durch neue zu ersetzen. Die Zauberformel heißt nach und nach: ***Geben Sie sich Zeit, sich an zunächst kleine Veränderungen zu gewöhnen.*** Gestalten Sie Ihre ***Vorratshaltung neu***. Sorgen Sie dafür, dass die „schlankere" Variante die leichter verfügbare ist. Oder wie Gesundheitsförderer in England formulieren: „Make the easier choice, the healthier choice".

Make the easier choice, the healthier choice.

Ein Beispiel: Sie kommen schlapp und müde nach Hause, zum Abendessen ist es noch zu früh – der Griff in die Naschlade wäre jetzt eine einfache, aber kalorienreiche Möglichkeit, sich scheinbar etwas Gutes zu tun. Bis jetzt hat Ihnen die Keksschachtel so manchen späten Nachmittag gerettet, weil die Wirkung des angenehmen Geschmacks nicht lange auf sich warten lässt. Die Wohlfühlhormone machen sich im Gehirn breit. Gewichtsfreundlich ist dieser Lösungsversuch allerdings nicht. Wenn die ***Naschlade*** aber leer ist und nichts anderes zu finden ist als ein Päckchen Vanillesaucenpulver – könnten Sie auf die Idee kommen, sich eine Sauce zu machen. Einerseits ***sparen*** Sie ***Kalorien*** und gleichzeitig geraten Ihre ***Sinne*** in Schwingung. Es steigt Ihnen der angenehme Duft von Vanille in die Nase und vielleicht gehen Ihnen Kindheitserinnerungen durch den Kopf. Im Bauch entsteht durch die Wärme der Vanillesauce das angenehme Gefühl der Sättigung. Andererseits reißt Sie das Kochen aus Ihrer „Problemtrance", die Sie von der Arbeit mitgebracht haben.

Kochen reißt Sie aus Ihrer „Problemtrance"!

Aber vielleicht sind Sie auch zu matt, lassen das Päckchen Saucenpulver links liegen und beschließen, stattdessen jemanden ***anzurufen***, der Ihnen gut tut. Oder Sie machen einen kurzen ***Spaziergang***, um sich die neueste Ausgabe Ihrer ***Lieblingszeitschrift*** zu besorgen und damit wohlig auf die Couch zu sinken. Auch das sind ***gewichtsschonende Möglichkeiten***. Seien Sie kreativ und bestücken Sie sich mit gewichtsfreundlichen Vorräten und Ideen. Wenn die Naschlade mager ausgestattet ist, wird der automatisierte Griff zur Keksschachtel unterbrochen und Sie müssen sich Alternativen überlegen. Wenn Sie dranbleiben, wird das, was Sie sich über lange Zeit antrainiert haben, in den Hintergrund treten und Sie werden

Gewichtsfreundliche Vorräte und Ideen zurechtlegen.

neue Möglichkeiten finden. Eine Vielfalt an Möglichkeiten lässt das Leben insgesamt bunter erscheinen, und wenn Sie mal wieder zur Keksschachtel greifen, ist das auch o.k. Verbieten Sie sich nichts, denn das ist auf die Dauer nicht durchzuhalten. Lenken Sie Ihren Blick weg vom Verlust hin zur Vielfalt, zu dem, was Sie an Neuem dazugewinnen.

Verbieten Sie sich nichts!

An dieser Stelle ist es wichtig, nochmals zu betonen, dass es ***bei der Gewichtsreduktion nicht darum geht, dass man die Dinge nur wissen muss und dann funktioniert es***. Und auch nicht, dass wer nicht abnimmt, es nur nicht genug weiß. Auch die nachfolgenden Tipps sind nicht der Weisheit letzter Schluss, sondern sollen vielmehr dazu anregen, über eigene neue Möglichkeiten nachzudenken und Neues auszuprobieren. Es kommt weniger aufs „Wie" an als darauf dass man „es" tut. Experimentieren Sie! Wichtig ist, dass Sie dabei die kindliche Freude des Entdeckens und Ausprobierens spüren.

Experimentieren Sie!

Bewusst essen

Seit langem ist bekannt, dass die ***drei Hauptnährstoffe*** nicht nur ***unterschiedliche Energiegehalte***, sondern auch einen ***unterschiedlichen Effekt auf die Sattheit*** haben. Dabei schneidet ***Fett*** als am ***problematischsten*** ab. Es liefert nicht nur fast doppelt so viel Energie wie die anderen beiden Hauptnährstoffe Kohlenhydrate und Eiweiß,

sondern hat auch die am ***wenigsten verzehrsreduzierende Wirkung***. D. h., der Körper sendet bei fettreichen Mahlzeiten bezogen auf den Kaloriengehalt erst ***sehr spät ein Stopp-Signal***. Bei eiweiß- und kohlenhydratreichen Speisen passiert das früher. Dass Übergewicht durch ein Zuviel an Energie entsteht, ist zwar eine verkürzte, aber dennoch richtige Aussage. Deshalb sollte eine zu hohe Kalorienzufuhr durch Lebensmittel mit hoher Energiedichte vermieden werden. In der Praxis und durch zahlreiche Studien bewiesen zeigt sich, dass die Reduzierung des Fettanteils und die Erhöhung des Wasseranteils empfehlenswert sind. Allein die Umstellung der Lebensmittelauswahl zu fettärmer und wasserreicher führt zu einer Energiereduzierung. Machen Sie sich also Obst und Gemüse zu Ihren Freunden. Sie werden mit einem ***vollen Teller und einer kleinen Kalorienmenge*** belohnt.

Obst und Gemüse werden neue Freunde.

- Geben Sie Ihren ***Geschmacksnerven neue Impulse*** und experimentieren Sie mit ***Sorten***, die Sie noch nie probiert haben. Gehen Sie auf den Markt und kaufen Sie eine Frucht, einen Salat oder ein Stück Gemüse, das sie noch nie gesehen haben. Erkundigen Sie sich, wie man es zubereitet oder isst. Lassen Sie sich auf das Experiment ein.

Lassen Sie sich auf Experimente ein.

- Nutzen Sie ***Tiefkühlgemüse***. Es gibt auch fertig geschnittene Mischungen, die Sie nur noch in der Pfanne erhitzen und etwas würzen müssen. Kosten Sie sich durch, die Auswahl ist groß.

- Ziehen Sie frische ***Bio- und Qualitätsprodukte*** den abgepackten Lebensmitteln und Fertiggerichten vor. Je mehr ***Geschmack*** in den Lebensmitteln steckt, umso eher werden Sie satt. Wenn es dann doch einmal die Tiefkühlpizza sein soll, peppen Sie sie mit frischen Paprika, Champignons, Tomaten usw. auf.

- ⇨ Schlichter Blattsalat kann ziemlich langweilig sein. Helfen Sie ihm mit Apfelstückchen, gerösteten Nüssen, Parmesanspänen u. Ä. nach. ***Erfinden Sie Ihren Spezialsalat***.

- ⇨ Legen Sie sich einen ***Apfelteiler*** zu. Und sorgen Sie dafür, dass ***klein geschnittenes Obst und Gemüse*** in Ihrer ***Reichweite*** ist, wenn Sie zum Snacken oder ***Naschen*** neigen.

- ⇨ Wenn Sie noch keinen ***Pürierstab*** besitzen, investieren Sie in einen. So lassen sich herrliche Soßen und Suppen aus Gemüse zubereiten, von denen sich zumeist auch Gemüsemuffel überzeugen lassen.

- ⇨ Geben Sie ***Hülsenfrüchten*** eine Chance. Linsen, Bohnen & Co sind zu Unrecht von unseren Speiseplänen verschwunden. Stöbern Sie in alten Kochbüchern nach ***originellen Rezepten***.

Die neuen Gewohnheiten langsam mit viel Experimentierfreude ausbauen.

Gewöhnen Sie sich langsam daran, ***Gemüse in Ihren Speiseplan*** einzubauen. Wichtig ist, dass es Ihnen schmeckt, aber geben Sie Ihrem ***Geschmackssinn genug Zeit***, sich an die neuen Geschmackseindrücke zu gewöhnen. Wenn Sie es anfangs nur 2x pro Woche schaffen, Salat oder Gemüse zu essen, reicht das. Diese neue Gewohnheit können Sie dann langsam mit viel Experimentierfreude ausbauen. Zwingen Sie sich zu nichts. ***Essen Sie Salat, weil er Ihnen schmeckt, und nicht, weil es vernünftig ist.*** Wenn Sie zu dem Schluss kommen, Salat (in allen erdenklichen Varianten) nicht zu mögen, suchen Sie sich eine Alternative aus dem Gemüsebereich.

Langsam essen

Genießen Sie in entspannter Atmosphäre!

Genießen Sie Ihre ***Mahlzeiten langsam***, in einer ***entspannten Atmosphäre***. Decken Sie Ihren Tisch und setzen Sie sich hin, auch wenn Sie nur eine Kleinigkeit essen. Schnelles Essen ist ungesund, wussten schon unsere Großeltern, die Fast Food eher für „fast ein Essen" halten als für eine ausgewogene, befriedigende Mahlzeit.

Griechische Forscher haben den ***Einfluss der Essgeschwindigkeit auf das Sättigungsgefühl*** untersucht. Das Ergebnis: Das schnelle Hinunterschlingen von Essen könnte das Risiko, übergewichtig zu

werden, nahezu verdoppeln. In einer Studie mit 17 männlichen Freiwilligen zeigten sich die Zusammenhänge im Körper. Die Männer sollten an einem Tag 300 ml Eiscreme in 5 Minuten und am nächsten Tag in 30 Minuten essen. Im Blut der Testpersonen wurden die Spiegel dreier Hormone gemessen, die vom Verdauungstrakt ins Blut ausgeschüttet werden und im Gehirn das Hungergefühl beeinflussen. Nach der langsamen Mahlzeit waren die appetitzügelnden Darmhormone um rund ein Drittel höher als nach dem hastigen 5-Minuten-Mahl. Eine andere Studie zeigt, dass das Risiko, übergewichtig zu werden, mehr als verdoppelt ist, wenn das Essen hinuntergeschlungen wird. Männer, die dazu neigten, hastig zu essen, hatten in dieser Studie sogar ein um 84 Prozent höheres Risiko, übergewichtig zu werden. Das Sättigungssignal braucht also seine Zeit, ***wird mit hoher Geschwindigkeit gegessen*, *ist die gegessene Menge bis zur Sättigung größer als beim langsamen Essen***. Schnelles Essen führt folglich zu einer höheren Kalorienzufuhr.

Schnelles Essen führt zu höherer Kalorienzufuhr.

Früher, als das Nahrungsangebot noch mager war und vorrangig selbst gesammelte Beeren und hin und wieder Mammut auf dem Speiseplan stand, war schnelles Essen ein Überlebensvorteil, denn auf diese Weise bekam man mehr als derjenige, der sehr langsam aß. Möglich, dass Sie in Ihrer Kindheit einem ähnlichen Phänomen ausgesetzt waren: Geschwister! Vielleicht mussten Sie schnell essen lernen, weil Sie sonst das Gefühl hatten, zu wenig zu bekommen. Zu wenig vom gut riechenden Kuchen, aber vielleicht auch zu wenig Aufmerksamkeit, Fürsorge und Geborgenheit?

Sind Sie immer als Erstes fertig?

⇨ ***Schalten Sie Ihre Wahrnehmung ein.*** Wenn Sie gemeinsam in der Familie oder mit KollegInnen essen: Sind Sie immer als Erstes fertig? – Suchen Sie sich heimlich ein Vorbild und versuchen Sie, nicht vor ihr oder ihm mit dem Essen fertig zu werden. Auch wenn es Ihnen nicht gleich gelingt, bleiben Sie dran – mit etwas Übung wird es Ihnen bald möglich sein, Ihr ***Esstempo zu verringern***.

Gönnen Sie Ihrer Gabel hin und wieder eine Pause.

⇨ Machen Sie sich erst dann **einen neuen Bissen zurecht, wenn Sie den alten hinuntergeschluckt haben**. Gönnen Sie Ihrer Gabel hin und wieder eine Pause.

⇨ Machen Sie gezielt **Pausen während des Essens**. Legen Sie das Besteck zur Seite und trinken Sie etwas Wasser. Lassen Sie **jede Mahlzeit zur Haubenmahlzeit** werden, auch indem Sie „Haubenatmosphäre“ schaffen.

Mit vollem Mund spricht man nicht.

⇨ Suchen Sie das **Gespräch**. Essen ist eine zutiefst beziehungsstiftende Tätigkeit. Da, wo Menschen miteinander essen, entsteht Beziehung. Verstärkt wird dieser Aspekt durch gemeinsame Gespräche. Nutzen Sie die Möglichkeit, Ihre Beziehungen zu intensivieren. Tauschen Sie sich über Ihren Alltag aus. Fragen Sie Ihre Kinder nach dem Erlebten und erzählen Sie von sich. Ein Arbeitsessen findet ja auch nicht deshalb statt, weil man Angst hätte, der/die GeschäftspartnerIn würde sonst verhungern. Und ganz nebenbei essen Sie automatisch langsamer, denn „mit vollem Mund spricht man nicht“, wurde bereits von der Großmutter eingefordert.

- ⇨ Setzen Sie auf ***kauintensive***, sprich ***ballaststoffreiche Lebensmittel*** wie Vollkornbrot, Gemüserohkost, Salat und Obst. Nutzen Sie Ihre Zähne und „beißen Sie sich durch". Dabei werden Sie automatisch zum/r **LangsamesserIn**. Ballaststoffe sind für die schlanke Linie äußerst hilfreich. Sie machen so richtig satt und bringen viel Menge auf den Teller bei einer vergleichsweise geringen Energiezufuhr. Gewöhnen Sie sich daran, ***bei belegten Broten grundsätzlich immer etwas „Grünes" dazwischenzuschummeln***, z.B. ein paar Scheiben Gurke, Tomate, Radieschen oder Sprossen.

Nutzen Sie Ihre Zähne!

- ⇨ Wer nebenbei beim Fernsehen oder Computerspielen isst, spürt das ***Sättigungssignal*** kaum. ***Achten Sie darauf, beim Essen möglichst unabgelenkt zu sein.***

Zu großer Hunger verführt zu schnellen Snacks und schnellem Essen.

Regelmäßig essen

Mahlzeiten auszulassen hat eine starke Absenkung des Insulinspiegels zur Folge. Sie riskieren eine ***Heißhungerattacke*** und essen bei der nächsten Gelegenheit viel mehr. Außerdem wird, wenn der Hunger zu groß geworden ist, die Verführbarkeit für schnelle Snacks und zu schnellem Essen stärker. Das Resultat: Man fühlt sich pappsatt und würde am liebsten den Schreibtischsessel gegen ein Bett tauschen. Was aber nicht heißt, ständig vor sich hin zu essen. Damit kommt nämlich Ihr Insulinspiegel gar nicht zur Ruhe und von abnehmen ist keine Rede. Bei der Essensfrequenz scheiden sich die ExpertInnenmeinungen. Fünfmal am Tag ist optimal, lautet eine häufig zitierte Regel für den Mahlzeitenrhythmus. Dreimal am Tag reicht auch, sonst kann der Insulinspiegel nicht absinken, sagen die anderen. Tatsächlich gibt es keine abgesicherte wissenschaftliche Aussage. Bei einer in England durchgeführten Untersuchung erhielten übergewichtige Männer und Frauen eine 800-Kilokalorien-Diät auf ein, drei oder fünf Portionen aufgeteilt und es wurde kein Einfluss auf die Gewichtsabnahme festgestellt.

Am ***Frühstück*** entzünden sich meist die größten Diskussionen, wenn es um das Weglassen von Mahlzeiten geht. In vielen Ländern wird dem Frühstück kaum Bedeutung zugemessen. In Japan gibt man sich mit einer Tasse Grüntee und etwas Reis und Sojaschleim

zufrieden. In Italien begnügt man sich mit ein paar trockenen Keksen und einem Espresso. In Frankreich ist die Hauptmahlzeit am Abend. Mit dem Frühstück bereits gut die Hälfte der Energie für den Tag zu decken, stammt aus der Zeit, als für die meisten Menschen schwere körperliche Arbeit in der Landwirtschaft auf der Tagesordnung stand. Da wurden gebundene Suppen gegessen, um genug Energie für den Tag zu haben. Was von der Suppe geblieben ist, ist unsere Gewohnheit, in der Früh ein Heißgetränk (Tee, Kaffee, Kakao) zu trinken.

Welche **Bedeutung** hat das **Frühstück** nun für die **Konzentration**? In der Nacht werden die Kohlenhydratspeicher völlig geleert, von denen das Gehirn abhängig ist. Niemand muss frühstücken wie ein Kaiser, dennoch ***sollte das Frühstück nie ganz ausfallen***. Es reicht durchaus **ein Getränk** und vielleicht **ein Stück Gebäck**. Um aber den ***Zeitraum bis zum Mittagessen nicht zu groß*** werden zu lassen, darf dann eine ***Jause für den Vormittag*** eingepackt werden. Gleichzeitig ist das eine ***gute Gelegenheit***, ein paar **Obst-** oder **Gemüsestücke** mitzuschummeln.

Mut zum selbst Kochen

Machen Sie Einkaufen zu einem sinnlichen Erlebnis.

Genauso wie Essen mehr ist als nur die Aufnahme von Nährstoffen, ist Kochen mehr als nur die Zubereitung von Lebensmitteln. Kochen beginnt mit dem Einkaufen. Lassen Sie Einkaufen zu einem sinnlichen Erlebnis werden. Wenn Sie einen Markt in der Nähe haben, nutzen Sie ihn. Lassen Sie sich von den Lebensmitteln dort inspirieren. Aber auch im Supermarkt können Sie ein besonderes Stück Fleisch auswählen oder den Reifegrad der Tomaten unter die Lupe nehmen. ***Probieren Sie Neues.*** Und dann wagen Sie sich in die Küche. In einer US-amerikanischen Studie kommen die Autoren zum Schluss: 1965 brauchte die Zubereitung einer Mahlzeit 44 Minuten, das Aufräumen der Küche 23 Minuten. 1995 sind es 27 Minuten Kochzeit und 4 Minuten aufräumen. Kochen geht als Kulturtechnik immer mehr verloren. Während vor einiger Zeit noch die Mütter das beste Essen kochten, sind es jetzt die Großmütter. Wenn Sie zu denjenigen gehören, deren Kochfähigkeiten nur marginal ausgebildet sind, suchen Sie sich in einen Kochkurs. Ein **Kochkurs** ist Ihnen noch ungeheuer? Dann stöbern Sie nach **Kinderkochbüchern**. Dort werden in einfachen Worten **Kochbasiskenntnisse** vermittelt, z. B. wann kocht das Wasser oder was bedeutet Schnee schlagen.

Kochen und Essen sind eine Einheit.

Kochen und Essen sind eine wichtige Einheit. Darüber hinaus haben Sie es, wenn Sie selbst kochen, auch selbst in der Hand, welche Lebensmittel, wie viel Öl oder Butter Sie verwenden. **Beim Kochen zieht die Vorfreude auf das Essen durch die Nase.** Laden Sie Freunde oder Familie ein. Ein selbst zubereitetes Essen gemeinsam genüsslich verspeist ist ein Feuerwerk für alle Sinne. Auch hier gilt: **Besser hin und wieder als gar nicht**. Wenn Ihre Kochkenntnisse bis dato brach gelegen haben, beginnen Sie langsam und steigern Sie sich Schritt für Schritt. Mit Freunden kochen liegt übrigens im Trend, und da lässt sich sicher der eine oder andere Kochtrick bei den anderen abschauen.

Feuerwerk für alle Sinne

Gemeinsam essen erhöht den Genuss

Stellen Sie sich vor, Sie sitzen allein vor einem „Haubenmenü" – klingt wenig verlockend. Und dann stellen Sie sich vor, Sie sitzen gemeinsam mit einer Kollegin bei einem Butterbrot mit Schnittlauch. Sie unterhalten sich darüber, dass Sie das Brot bei Ihrem Lieblingsbäcker gekauft haben und es besonders frisch ist. Die Kollegin hat den Schnittlauch beigesteuert, den sie selbst auf der Fensterbank großzieht. So wird das einfachste Essen zu Ihrem persönlichen „Haubenmenü".

⇨ Achten Sie auf die ***Qualität beim Einkaufen***. Gönnen Sie Ihrem Körper **hochwertige Produkte**. Wer **regional** und **saisonal** kauft, braucht nicht unbedingt mehr Geld. Erdbeeren im November sind weder aus der

Region noch in der Saison, was sich im mangelnden Geschmack und im hohen Preis niederschlägt. Darauf dürfen Sie getrost verzichten. Auch das Fertignudelgericht ist im Gegensatz zum selbst gemachten um Ecken teurer. Außerdem: ***Vermeiden Sie, hungrig einkaufen zu gehen***, Sie kaufen nicht nur mehr als Sie wollten, sondern sind auch an Wurst- und Gebäckinsel, aber spätestens bei der Schokolade an der Kassa zu ***leicht verführbar***.

⇨ Machen Sie das Essen ***selbst***. Es duftet, schmeckt herrlich und sättigt nicht nur den Körper, sondern auch die Seele.

⇨ Essen Sie ***möglichst oft gemeinsam***. In Familien hat jedes Familienmitglied seinen eigenen Tagesablauf. Vielleicht geht sich ein gemeinsames Frühstück aus oder zumindest das Essen am Wochenende. Begeistern Sie auch Ihre Kinder mit Kochen.

⇨ ***Kochen*** wirkt ***meditativ*** und ***baut Spannung ab***. Und nie lässt es sich so ungehemmt weinen wie beim Zwiebelnschneiden. Auch wenn das Essen schnell auf dem Tisch stehen soll, genießen Sie das Kochen als die Zeit, die Sie für sich haben. Oder lassen Sie sich bei der Zubereitung helfen und tauschen Sie dabei die Ereignisse des Tages mit Ihrem/r PartnerIn aus. Das durchschnittliche Paar redet täglich nur noch zwölf Minuten miteinander („Guten Morgen" und „Bis später" sind schon eingerechnet), Grund genug, gemeinsames Kochen zur Gewohnheit werden zu lassen.

Gemeinsames Kochen zur Gewohnheit machen.

⇨ Die Feuerstelle eines Hauses war schon immer der Kommunikationsmittelpunkt. Lassen Sie Kochen zum Ereignis werden und Sie werden an Farbe im Leben dazugewinnen.

Richtig trinken

Wasser ist Lösungs- und Transportmittel im Körper und nach wie vor der am besten geeignete Durstlöscher. Oft wird das Hungergefühl mit dem Durstgefühl verwechselt und wir essen, obwohl wir eigentlich durstig sind. Wenn Sie bis jetzt an Limonaden gewöhnt waren, versuchen Sie langsam, die Menge zu reduzieren. Es geht auch hier **nicht** darum, dass Sie **nie wieder von Ihrer Lieblingslimonade trinken** dürfen. Wie eine kleine Nascherei soll sie eine ***Ausnahme*** sein, aber **nicht** den **Hauptteil** Ihrer Getränkewahl ausmachen. Oft hilft als erster Schritt der langsamen Entwöhnung das Verdünnen mit Wasser. Verdünnen Sie gerade so viel, wie Sie es gerade noch mögen. Wenn Sie sich daran gewöhnt haben, machen Sie den nächsten Verdünnungsschritt. Zum Essen sollten Sie auf jeden Fall auf süße Getränke verzichten, auch wenn es sich um „Light-" oder „Less-Sugar-Getränke" handelt. Durch die ***Abwechslung der Geschmacksrichtungen salzig/sauer*** und ***süß verschieben Sie Ihre Sättigungsgrenze*** nach hinten und tendieren dazu, auch dann weiterzuessen, wenn Sie bereits satt sind.

Hungergefühl wird mit Durstgefühl verwechselt.

Machen Sie den Verdünnungsschritt!

Tee wärmt nicht nur die Finger.

Gewöhnen Sie sich ans **Teetrinken**. Tee spricht alle Sinne an – er duftet herrlich und wärmt nicht nur die Finger, sondern auch von innen. Machen Sie aus dem Teetrinken ein Ritual, suchen Sie einen besonderen Platz mit angenehmer Atmosphäre. Sie werden sehen, dass Sie Ihr Tee-Ritual auch denn einsetzen können, wenn Sie unter Spannung stehen oder sich schlapp fühlen. Lieber eine Tasse Tee, notfalls mit einem Löffel Honig, als der Griff in die Naschkiste.

Gedanken gegen Heißhunger

Einen Versuch ist es wert!

Ein Forscherteam ist dem Phänomen auf die Spur gekommen, dass Gedanken nicht nur hungrig, sondern auch schneller satt machen können. ***Wer sich intensiv vorstellt, wie er seine Lieblingsleckereien isst, kann den Heißhunger auf diese verringern.*** 51 Testpersonen mussten sich detailliert ausmalen, wie sie entweder 30 Münzen nacheinander in einen Waschautomaten einwarfen und anschließend drei Schokolinsen aßen oder die Maschine mit nur drei Geldstücken fütterten und 30 der imaginären Süßigkeiten vernaschten. Nach der Aufgabe durften alle TeilnehmerInnen aus einer Schüssel mit real existierenden Schokolinsen, so viele Schokolinsen nehmen, wie sie wollten. Das Ergebnis zeigte klar: Wer vorher in der Fantasie nur drei Leckereien genascht hatte, verzehrte in der Wirklichkeit fast doppelt so viel wie die KollegInnen, die in ihrer Fantasie besonders viele Schokolinsen hatten. Ganz nach dem Motto: Einen Versuch ist es wert – vielleicht lässt sich die Lust auf Schokoriegel, Pommes frites und Pizza in Zukunft ***mittels intensiver Einbildung bezwingen***. Allerdings braucht man dazu ***Zeit*** und einiges an ***Übung***, um die ***Vorstellungskraft*** gezielt einsetzen zu können.

Lust auf Bewegung

Wer abnehmen will, kommt um Bewegung nicht herum.

Wer abnehmen will, kommt um Bewegung nicht herum. Vor allem dann nicht, wenn Sie einen „langsamen Stoffwechsel" geerbt haben. Einerseits verbrauchen Sie durch ***regelmäßige Bewegung mehr Energie***, ***andererseits erhöhen Muskeln Ihren Grundumsatz***. Wer ***mehr Muskeln*** hat, ***verbrennt*** auch im Ruhezustand (beim Schlafen, vor dem Fernseher usw.) ***mehr Energie*** als Menschen mit geringerer Muskelmasse. Für den Anfang gilt: Jede Art von zusätzlicher Bewegung hat einen positiven Effekt.

Britische Forscher konnten anhand von Daten 20.000 Freiwilliger nachweisen, dass ***der genetische Einfluss auf das Gewicht durch sportliche Betätigung wettgemacht*** werden kann. Die Forscher analysierten die Gene der Versuchspersonen im Alter zwischen 39 und 79 Jahren. Besonderes Augenmerk legten sie auf Genabschnitte, die mit einem erhöhten Risiko für Übergewicht in Verbindung gebracht werden. Zusätzlich wurden der Body-Mass-Index gemessen sowie die Lebensgewohnheiten mittels Fragebogen erfasst. Fazit: Ein bewegungsreicher Lebensstil kann die genetische Veranlagung für Übergewicht um 40 Prozent senken. ***Der bewegungsreiche Lebensstil wurde als eine Stunde Bewegung pro Tag definiert***, wobei egal war, ob es sich dabei um einen bewegungsreichen beruflichen Alltag handelte oder die Bewegung in der Freizeit gemacht wurde. Darüber hinaus wird beobachtet, dass Menschen, die sich regelmäßig bewegen, eine wesentlich bessere Chance haben, ihr reduziertes Körpergewicht zu halten, als Menschen, die wenig aktiv sind.

Menschen, die sich regelmäßig bewegen, haben eine bessere Chance, ihr reduziertes Körpergewicht zu halten.

Wie Sie in Bewegung kommen, ist nicht so wesentlich. ***Optimal ist eine Mischung aus Kraft- und Ausdauertraining.*** Am Beginn ist aber noch wichtiger: ***Es muss Spaß machen!*** Vielleicht können Sie auch auf alte Fähigkeiten zurückgreifen – Fahrrad fahren und Schwimmen verlernt man nicht. Bewegungsmuster, die das Gehirn einmal speichert, sind mit ein bisschen Übung schnell wieder abzurufen. Überlegen Sie, was Ihnen an Bewegung Spaß macht: Ist es die Natur, die Sie dabei intensiv wahrnehmen? Die Zeit, die Sie dabei für sich haben? Sie genießen die Ruhe und können den Gedanken freien Lauf lassen? Oder bewegen Sie sich lieber mit anderen gemeinsam? Sie freuen sich über den Austausch mit Ihrem/r PartnerIn beim Spazierengehen? Oder im Fitnessstudio von dem/r TrainerIn motiviert zu werden und die Gruppendynamik zu spüren?

Ist es Ihnen lieber, die Bewegung in den Alltag einzubauen – oder nehmen Sie sich gerne extra Zeit dafür? Genauso wie Sie mit Ihrem neuen Essverhalten experimentieren, ***probieren Sie verschiedene Bewegungsmöglichkeiten*** aus. Ausschlaggebend für die Wirkung ist die ***Regelmäßigkeit***. Mit der Regelmäßigkeit kommt nämlich ***nicht nur der Trainingsreiz*** zum Tragen, sondern auch, dass Sie schon bald ***Lust auf Bewegung*** bekommen. Beim Wandern sind die ersten Meter vielleicht mühsam, mit der Zeit und dem Rhythmus nehmen Spaß und Freude zu – ganz zu schweigen von dem Wohlgefühl, das sich breit macht, das Ziel erreicht zu haben.

In den meisten Fällen wird man allein schon dadurch, dass man in Bewegung gekommen ist, mit der „***Überwindungsprämie***“ belohnt.

Bewegung ist ein natürliches Beruhigungsmittel.

Bewegung hat aber noch einen ganz wesentlichen zusätzlichen Effekt, außer Kalorien abzubauen. Bewegung ist ein natürliches Beruhigungsmittel. Durch den angekurbelten Kreislauf werden neue Gehirn- und Körperzellen gebildet und Stresshormone abgebaut. ***Die Stimmung steigt!*** Genauso wie bei einem wohlschmeckenden, gut riechenden Essen Wohlfühlhormone ausgeschüttet werden, ist es bei der Bewegung. Einen zusätzlichen Effekt hat die Bewegung in der freien Natur – Grün beruhigt. Bei Bewegung im Grünen atmet auch die Seele auf. Der Aufenthalt im Freien zeigt deutliche Wirkung auf die Stimmung und das Selbstwertgefühl. Eine Studie hat gezeigt, dass der Effekt auf das Wohlbefinden besonders groß ist, wenn zusätzlich zu Pflanzen, Wiesen & Co auch noch eine Wasserstelle vor Ort ist. Überraschend ist, dass sich die größte Wirkung innerhalb von wenigen Minuten einstellt. Und gleichzeitig macht die ***Bewegung an der frischen Luft meist Appetit auf „Gesundes“***.

Bei Bewegung im Grünen atmet auch die Seele auf.

Warum also nicht beides verbinden und den einen oder anderen Sonnentag zum Picknicken nutzen? Aber auch die Mittagspause ist ein guter Anlass für einen kurzen Spaziergang in den nächsten Park. Vielleicht lassen sich auch KollegInnen zu diesem Experiment überreden. Aber auch in Ruhe die Natur auf sich wirken zu lassen und sich auf das mitgebrachte Essen zu konzentrieren, ist eine perfekte Genussübung für das Wohlgefühl, auch wenn Sie nur wenig Zeit zur Verfügung haben. Ein flotter Spaziergang im Park oder den Bach entlang macht Sie also genauso glücklich wie ein Schokoriegel, die Seele reagiert sofort. Und wenn Sie schon bald ***ein verbessertes Körpergefühl*** entwickeln, wird die ***Bewegungseinheit schnell der Nascherei den Rang ablaufen***.

Vielleicht kommt jetzt der Einwand, dass man vom Sporteln erst recht hungrig wird. Eine Studie kommt zu dem Schluss, dass die ausgeglichene Energiebilanz durchs Sporteln durch eine verbesserte Appetitregulation zustande kommt. Die Hunger- und Sättigungshormone einer ***Sportlergruppe*** wurden vor und nach der Bewegungseinheit gemessen. Die ***Sättigungshormone*** zeigten einen deutlichen ***Anstieg*** und die ***appetitanregenden Hormone*** waren ***nicht*** deutlich ***verändert***, obwohl die letzte Mahlzeit schon einige Zeit zurücklag, d. h. körperlich war kein Hunger vorhanden. Trotzdem langten die Sportler beim Buffet danach deutlich mehr zu. Was ist passiert: Der Hunger scheint psychologischer Natur zu sein. ***Wir haben gelernt, „wer sich bewegt, hat auch mehr Hunger"***. Wir sind überzeugt, dass Sport den Hunger erhöht oder dass man sich danach eine Belohnung verdient hat – und essen daher mehr, als die Hormone eigentlich anfordern würden.

Um Stress abzubauen, sind Sport und Bewegung wesentlich. Ein falsch „programmiertes" Hunger-/Sättigungsgefühl lässt sich durch eine aktive Freizeitgestaltung normalisieren. **Bewegung** hat im Zusammenhang mit **Gewichtsreduktion** also nicht nur den Effekt, dass zusätzliche Kalorien verbrannt werden, sie hilft auch dabei, ***Stress*** in den Griff zu bekommen. **Beides** gemeinsam ist ***wesentlich, um ein gesundes Gewicht zu erreichen und halten zu können.***

Bewegter Alltag

Lassen Sie den Lift, die Rolltreppe und das Auto öfter links liegen.

Übergewicht ist ein deutliches Zeichen dafür, dass ein **Bewegungsdefizit** vorhanden ist. Meist beginnt das im Alltag. Motoren und Maschinen verbrennen die Energie, die wir zu viel mit uns herumtragen. Lassen Sie den Lift, die Rolltreppe und das Auto öfter links liegen. Gönnen Sie es sich, kurze Strecken zu Fuß zu gehen, und lassen Sie diese Strecken langsam immer länger werden. Was zu Fuß erreichbar ist, sollte auch zu Fuß erreicht werden. ***Nicht immer, aber immer öfter.*** Bei 35 Grad im Schatten oder Eisregen lassen Sie sich mit dem Bus wieder vor die Haustüre bringen. Aber immer dann, wenn das Wetter halbwegs passabel ist, **nutzen Sie diese Gelegenheit, Körper und Seele in Schwung zu bringen**. Der **Vorteil des Übergewichts** ist es, dass Sie dabei auch ***mehr Energie verbrennen***, weil Sie mehr an Gewicht mit sich herumtragen. Dass dieser Vorteil mit wachsender Gewichtsabnahme kleiner wird, versteht sich von selbst – dafür werden Sie mit einer extra Portion „Wohlfühlen und Zufriedenheit" belohnt. Jede Bewegung ist besser als keine Bewegung, der Sauerstoff-Kick macht wacher und die kleinste Muskelanspannung aktiviert Ihre Muskeln.

Jede Bewegung ist besser als keine Bewegung.

Bewegte Freizeit

Medienkonsum möglichst reduzieren.

Die Zeit, die wir vor dem Fernseher und Computer verbringen, steht im engen Zusammenhang mit den überschüssigen Kilos. Einige WissenschaftlerInnen gehen sogar davon aus, dass ***durch das Fernsehen das Stresslevel in die Höhe getrieben*** wird und die Schlafdauer vermindert ist; beides Faktoren, die eindeutig mit Gewichtszunahme verbunden sind. Grund genug also, den Medienkonsum möglichst stark zu reduzieren. Aber was tun mit der so gewonnenen Freizeit? ***Verbinden Sie Bewegung mit einem sozialen Erlebnis***. Gehen Sie mit Freunden Bowling spielen oder mit der Familie Minigolfen. Gehen Sie tanzen. Wenn Sie einen tanzunfreudigen Partner haben (meistens sind Frauen davon betroffen), suchen Sie sich eine Line-Dance-Gruppe oder probieren Sie es mit Bauchtanz (reichlich Bauch und Hüfte sind hier ein Vorteil). Aber auch beim Besuch einer Ausstellung oder einer Automesse (davon sind jetzt eher die Männer betroffen) sind Sie lange auf den Füßen. Wer gar nicht von seinen technischen Hilfsmitteln lassen kann, füttert seine Spielkonsole mit einem Bewegungsspiel oder wirft sich in die moderne Schnitzeljagd bzw. Schatzsuche mittels GPS-unterstützten Handys. Das Stichwort ist „Geocaching". Geocachers suchen versteckte „Schätze" in der Natur und teilen Ihre Erfahrungen via Internet. Wie immer Sie Ihre Freizeit aktiv gestalten – Ihrer Kreativität und Entdeckungsfreude sind keine Grenzen gesetzt.

Leichter Sport

Aufbauend auf die Alltagsbewegung folgen Aktivitäten, die die Herzfrequenz steigern und ins Schwitzen bringen. Sie sollten zumindest einen kleinen Anteil des täglichen Bewegungsmusters ausmachen. Es handelt sich dabei um Sportarten, die ***Ausdauer trainieren*** sowie ***Koordination*** und ***Geschicklichkeit*** verbessern. Fußball, Radfahren, Inlineskaten, Langlaufen, Tennis, Badminton ... die Auswahl ist groß. Aber auch Kraft und Flexibilität, wie beim Turnen, Karate, Klettern, Bergsteigen und Schwimmen, sollten hin und wieder auf dem Bewegungsplan stehen. Bei diesen Sportarten müssen die Ausübenden ihr eigenes Körpergewicht tragen oder gegen einen Widerstand (z. B. Wasser) „ankämpfen". Dadurch werden Muskeln und Knochen gestärkt und aufgebaut. Die Belastbarkeit von Sehnen und Gelenken verbessert sich.

Übrigens: ***Wer Sport ausschließlich betreibt um damit das Gewicht zu reduzieren***, setzt wie beim Salatessen ***aufs falsche Pferd***. Obwohl regelmäßige ***Bewegung*** als wichtiger ***Stützpfeiler*** beim ***Gewichtsmanagement*** gilt, sollte immer der Spaß im Vordergrund stehen. Wer sich nicht gerne bewegt oder die Bewegung, die ihm Lust bereitet, noch nicht gefunden hat, wird nicht lange dabeibleiben. Ihre Freude über die gewonnene Lebensqualität, die zunehmende Fitness und das gesteigerte Wohlbefinden sollte überwiegen. Wenn Sie dann die Gewichtsabnahme als „Draufgabe" verstehen, sieht die Langzeitprognose hervorragend aus. Trotzdem ist es ***legitim***, beim Sport ***auch an die Figur zu denken***. Worauf kommt es also an? Auf den richtigen Fettverbrennungspuls?

Worauf es ankommt: negative Kalorienbilanz

Worauf es ankommt, ist wieder die negative Kalorienbilanz. D. h. es geht für Abnehmwillige weniger darum, während des Trainings möglichst viel Fett mit dem richtigen Puls zu verbrennen, ***entscheidend ist die Fettverbrennung nach dem Training***. Also ein ***erhöhter Energieumsatz*** und damit auch ein ***gesteigerter Fettstoffwechsel in der Erholungsphase***, der sogenannte „Nachbrenneffekt".

Ein Bewegungsprogramm richtet sich nach dem Trainingszustand und der Leistungsfähigkeit.

Einen guten Fitnesszustand erreicht man auch ohne gezieltes Fettstoffwechseltraining. Ein Bewegungsprogramm sollte sich immer nach dem individuellen Trainingszustand und der Leistungsfähigkeit richten. ***Ausdauertraining*** spielt eine wichtige Rolle bei der ***Mobilisierung der Fettreserven***. Über mehrere Wochen bis Monate führt eine höhere Ausdauerleistungsfähigkeit zu einer bevorzugten

Nutzung von Körperfett als Energiequelle. Durch das **Training** der **Muskelkraft** wird der relative **Anteil magerer Körpermasse** im Verhältnis **zur fetten Körpermasse erhöht**. **Da Muskelmasse stoffwechseltechnisch aktiver ist als Fettgewebe, trägt dies zu einem erhöhten Kalorienverbrauch (auch in Ruhe) bei.** Jeder Schritt zählt. Die Art und Weise der körperlichen Aktivität, die zu einer negativen Energiebilanz verhilft, ist sekundär. Hauptsache, man bewegt sich regelmäßig mit einer Intensität, die über die übliche Alltagsbelastung hinausgeht. Den **größten Erfolg beim Fatburning** verspricht eine **Kombination** aus **Ausdauer- und Krafttraining**. Aquafitness verbindet z. B. beides. Wenn Sie wieder oder sogar erstmals ins Sportlerleben einsteigen, suchen Sie sich **fachliche Unterstützung**. Lassen Sie im Vorfeld **Ihre Gesundheit überprüfen** und nehmen Sie Betreuung in einem Verein, bei einem Lauftreff oder im Fitnessstudio in Anspruch. Dort wird darauf geachtet, dass Sie sich **nicht überfordern**, aber **genug fordern**, dass Sie bald einen Effekt bemerken werden.

Jeder Schritt zählt!

Den optimalen Trainingseffekt erreicht man durch das richtige Ess-Timing. **Kleine Mahlzeiten** unterstützen den **Trainingserfolg** und kurbeln die **Fettverbrennung** an. 1–2 Stunden vor dem Training sollte man die Energiespeicher mit einer leichten Mahlzeit auffüllen: z. B. 1 Vollkornweckerl mit Putenschinken und Gurkenscheiben. Dieser kleine Energieschub gewährleistet eine kontinuierliche Fettverstoffwechselung und verhindert den Leistungsabfall während des Trainings. Wer gerne ***in der Früh*** trainiert, um das angenehme Körpergefühl über den Tag genießen zu können, sollte ***nicht nüchtern an den Start*** gehen, sondern sich ein kleines Frühstück, bestehend aus einer Tasse Kaffee oder Tee und einem Glas gespritzten Fruchtsaft gönnen. Direkt ***nach dem Training*** wird die Fettverbrennung mit einem ***kleinen Imbiss*** in Schwung gehalten, mit z. B. einer kleinen Banane oder einem Glas verdünntem Fruchtsaft. Innerhalb der nächsten ***2 Stunden*** sollte eine ***optimale Versorgung des Körpers mit notwendigen Nährstoffen*** erfolgen – es empfiehlt sich z. B. 2 Scheiben Vollkornbrot mit fettarmem Käse oder ein kleines Joghurt.

Je einfacher Sie es gestalten, umso weniger leicht kommen Ausreden dazwischen.

Suchen Sie nach der Bewegungsart, die Ihnen Freude macht, es gibt tausend verschiedene Möglichkeiten, sodass garantiert auch etwas für Sie dabei ist. Je einfacher Sie es gestalten können, umso weniger leicht kann Ihnen eine Ausrede dazwischenkommen.

Gute Gefühle fördern

Die meisten versuchen, sich mit Belohnung und Anerkennung zu überlisten.

Woher kommt die Lust, die unbändige Energie, etwas zu schaffen, was man sich vorgenommen hat? Wenn man über dem Sudoku-Rätsel die Zeit vergisst oder man noch eine Extrarunde mit dem Rad drehen möchte und vor lauter Aufregung über ein erfreuliches Ereignis jede Nascherei links liegen lässt? Und was läuft falsch, wenn die Couch wie Klebstoff wirkt? Was passiert bei den guten Vorsätzen wie, den Keller endlich aufzuräumen, dreimal die Woche walken zu gehen oder weniger fernzusehen? Viele Menschen sind fest entschlossen, das festgesetzte Ziel zu erreichen – zumindest in der Entschlussphase. Doch die meisten scheitern kläglich? Warum? ***Wie ist das mit der viel zitierten Motivation?***

Gehirnforscher und Psychologen suchen eifrig nach den Kräften, die uns antreiben und die Energie im richtigen Maß freisetzen. Das Geheimnis: Die Macht liegt in den eigenen Gefühlen, um eigene

Trägheit zu besiegen. Die eigentliche Belohnung über die abgenommenen Kilos findet man nicht auf der Anzeige der Badezimmerwaage, sondern sie ist das tiefe Glücksgefühl nach der Fitnessstunde, für die man Feuer und Flamme ist. Die meisten Menschen versuchen, sich mit Belohnung und Anerkennung selbst zu überlisten.

Die Veränderung des Lebensstils verspricht eine kleinere Kleidungsgröße, eine schlankere Taille oder eine robustere Gesundheit. Doch die so gesetzte Belohnung hat einen ***entscheidenden Haken***. Wir müssen ***jetzt*** in etwas ***investieren***, was sich vielleicht ***in der Zukunft erfüllt***. Wer auf die Torte und das Glas Sekt bei der Geburtstagsfeier des Kollegen verzichtet, darf sich vielleicht später – zu einem noch unbekannten Zeitpunkt – über die schlankere Taille freuen. Wer nach einem anstrengenden Tag den Weg ins Schwimmbad sucht, um dort eine Bahn nach der anderen zu schwimmen, damit die Kilos purzeln, macht das auf Verdacht. Sicher kann man sich nicht sein, dass der momentane Aufwand schließlich tatsächlich zum gewünschten Erfolg führt. Und damit wird das ***Dilemma***, das es mit der sogenannten ***Lebensstiländerung*** auf sich hat, deutlich sichtbar. Wir müssen jetzt auf etwas verzichten – das Stück Torte oder die gemütliche Couch vor dem Fernseher –, um vielleicht, unter Umständen, wann genau, weiß man nicht, das so herbeigesehnte verminderte Gewicht zu erreichen. Wer das Gewicht gar reduzieren will, um die Ehe zu retten oder wegen der mahnenden Worte im letzten Blutbefund, hat sowieso schlechte Karten. Dabei handelt es sich um eine Belohnung der besonderen Art: Belohnung durch das Vermeiden von Strafe. Das funktioniert nur in ganz seltenen Fällen gut. Beide – die in Aussicht gestellte Belohnung und das Entgehen der Strafe – verlieren schnell an Effekt. Der Lohn der aufwendigen Selbsterziehungsmaßnahme liegt zu weit und zu unsicher in der Zukunft, sodass er irgendwann sinnlos erscheint oder ***keine Neugier mehr entfacht***.

Belohnung durch das Vermeiden von Strafe

Neugier, Spaß und Leidenschaft

Glück hat auch mit Anstrengung zu tun.

Gestalten Sie Ihren Alltag kreativ.

Viel ***machtvoller wirkt*** dagegen ein ***tiefes Wohlgefühl***. Es ist die ***stärkste*** innere ***Energie*** des Menschen, die zu Höchstleistungen antreibt. Der Glücksforscher Mihaly Csikszentmihalyi nennt den Zustand „***Flow***", der es möglich macht, das eigene Leben zu verändern. Flow ist nicht von Zufällen abhängig, sondern etwas, das wir uns erarbeiten müssen. Daher hat Glück auch immer etwas mit Anstrengung zu tun. Tätigkeiten, die zu einem Flow-Erlebnis führen, erfordern eine gewisse Geschicklichkeit. Das Lösen eines Rätsels, der Fortschritt beim Stricken oder die in Frühlingsfarben getauchte Natur beim Spazierengehen stellen ***die eigene Person in den Hintergrund***, die Erfahrung ist so intensiv, dass man aufs Essen „vergisst". Die ***Tätigkeit muss eine Herausforderung darstellen***, darf aber ***nicht überfordern*** – wer die ***richtige Dosis*** findet, hat gute Chancen auf den Flow. Gestalten Sie Ihren Alltag kreativ. Gehen Sie in Museen, beginnen Sie zu malen oder besuchen Sie ein Live-Fußballspiel, vielleicht springt der Funke über. Probieren Sie Neues: Nehmen Sie einen anderen Weg in die Arbeit, lesen Sie eine andere Tageszeitung, kaufen Sie in einem anderen Supermarkt ein ... Es geht nicht darum, dass Sie immer im anderen Supermarkt einkaufen, sondern dass Sie ***so oft wie möglich*** Ihren ***Alltagstrott unterbrechen***.

Sich gut zu fühlen, macht süchtig.

Sie fragen sich, wie sich das auf Ihre Essgewohnheiten auswirken soll? Täglich sein Leben ein bisschen umzustellen, schafft ***Erfolgserlebnisse***. Und sich gut zu fühlen, macht süchtig. Dabei werden die Botenstoffe ***Dopamin*** und ***Endorphin*** gebildet, die wir bereits bei der besonderen Wirkung von gut schmeckendem Essen kennengelernt haben. Gleichzeitig wird dem Stresshormon Kortisol, das dem Abnehmen im Weg steht, der Garaus gemacht. Und vielleicht finden Sie im neuen Supermarkt eine besonders tolle Obstabteilung, die Sie zum Obstessen anregt, oder vielleicht lesen Sie in der anderen Tageszeitung von einem neuen Sportverein, der in Ihrer Nähe seine Pforten öffnet.

Erfolg verstärkt den Prozess.

Jeder Mensch entwickelt seine eigenen ***Motivationstricks***, um sich selbst zu überlisten. Und anfangs dürfen es als Hilfsmittel auch Belohnungen sein, die den Willen, etwas anders zu machen, unterstützen. Doch sollten die Belohnungen von außen immer weniger werden, bis schließlich der ***Glücksstoff Dopamin ein rauschhaftes Gefühl herstellt***. Je unvorhersehbarer und überraschender eine hohe Belohnung ist – Sie finden nicht nur eine besonders hübsche Obstabteilung im Supermarkt, sondern erhalten noch dazu einen frisch geschnittenen Obstsalat geschenkt –, umso größer ist der Dopaminschub. Diese Erfahrung gräbt sich in die Gedächtnisstrukturen ein. Erfolg verstärkt den gesamten Prozess – Sie melden sich zu einem Bauchtanzkurs an und sind unter den talentiertesten Teilnehmerinnen – ***Sie werden dieses gute Gefühl wiedererleben wollen*** und zum nächsten Gruppentermin sicher keine Ausrede brauchen. Die Bewegung macht Ihnen Spaß? Dafür sind die Endorphine zuständig. ***Endorphine aktivieren die innere Antriebsstruktur***, die im Zusammenspiel mit Dopamin tiefe Befriedigung hervorruft.

Die neue Motivation ändert alte Denkstrukturen.

Freuen Sie sich über die Begeisterung und genießen Sie das Gefühl möglichst lange. Die neue Motivation, die von innen kommt, ändert alte Denkstrukturen. Kein/e MotivationstrainerIn ist so gut, dass er/sie Ihren Kampfgeist wecken und auf Dauer aufrechterhalten kann. Einzig Ihre 100 Milliarden individuell verdrahteten Nervenzellen sind in der Lage, Willenskraft entstehen zu lassen. Dieser Prozess ist mühevoll und langsam. ***An die innere Motivation zu gelangen, ist also ein ganz schönes Stück Arbeit.*** Die ***Zwickmühle***: Auf der einen Seite sind die ***Glückshormone***, die ***Essen*** zum Erlebnis machen, und auf der anderen Seite die ***Bewegung***, die zu Beginn mehr

Königsleistung Abnehmen

mühselig als erfrischend erlebt wird. Das Vorhaben, Gewicht zu reduzieren, ist somit eine wahre Königsleistung. Nochmals klarer wird aber auch, dass der Körper beim Abnehmen die Erfahrung machen muss, dass er davon profitiert. ***Sie müssen ihm aber auch die Gelegenheit geben, das zu erleben.***

Ausgefallenes tun

Dinge auszuprobieren, die Ihnen nicht so schnell in den Sinn kommen.

Lassen Sie sich Dinge einfallen, die Sie normalerweise nicht machen würden. Wie wär's, wenn Sie auf die Frage an der Wursttheke, ob es „ein bisschen mehr sein darf", einmal „Nein" sagen. Oder was halten Sie von der Idee, einen neuen Kleidungsstil auszuprobieren. Kaufen Sie sich ein Bekleidunsgsstück in einer Farbe, die Sie noch nicht im Kasten haben. Überraschen Sie Ihre Kollegen mit einem Obstsalat, um dem Nachmittagstief entgegenzusteuern. Kochen Sie ein Rezept aus dem Kochbuch nach, das Sie nach dem Zufallsprinzip aufgeschlagen haben. Lassen Sie sich ein Buch von Ihren Freunden borgen, das Sie niemals lesen würden. Lesen Sie die ersten 20 Seiten, wenn Sie es dann noch immer nicht mögen, dürfen Sie es zurückgeben. Schauen Sie im Fernsehen eine Sendung über einer Sportart an, über die Sie gar nichts wissen. Schenken Sie jemandem eine Blume – einfach so. Stellen Sie die Möbel in Ihrer Wohnung um oder verändern Sie zumindest die Dekorierung, wie Bilder, Pölster oder den Teppich. Gehen Sie ins Kino und schauen Sie sich den Film an, der als nächstes beginnt. Lernen Sie ein paar Sätze in der Sprache Ihres nächsten Urlaubslandes. Starten Sie das Wochenende ungewöhnlich. Bepflanzen Sie Ihre Fenster mit Blumen. Lernen Sie ein Gedicht auswendig. Beginnen Sie ein Hobby, das Sie als Kind gerne gemacht haben – Sie waren die Strickkönigin oder konnten beim Puzzlespielen die Zeit vergessen? ***Graben Sie alte Leidenschaften wieder aus.*** Lassen Sie sich von Ihren Kindern

eine „ausgefallene" Aufgabe geben. Egal, wie Sie Ihren Alltag aufpeppen und somit aus Ihrer Routine gerissen werden, wesentlich ist, dass Sie Dinge ausprobieren – die Ihnen nicht so schnell in den Sinn kommen würden.

Sprachtraining für Gehirn und Gefühle

Führen Sie sich immer wieder vor Augen, wofür sich die Mühe lohnt. Vor allem dann, wenn Sie der Frust packt. ***Holen Sie sich Unterstützung von Ihrem Unbewussten.*** Malen Sie sich möglichst detailliert aus, was Sie erreichen wollen: Wie werden Sie sich fühlen? Wie werden Sie aussehen? Welche Dinge werden Sie dann machen? Wie wird Ihr Tagesablauf aussehen? Je lebendiger Sie sich das vorstellen, umso besser. Sie sollten dabei eine angenehme Aufregung und Vorfreude in Ihrem Bauch spüren. Auf diese Weise üben Sie schon mal Ihr neues Verhalten ein und geben ***dem Gehirn das Signal für die Veränderung***. Gleichzeitig erhalten Sie von Ihrem Körper die Rückmeldung, ob Ihr Vorhaben zu Ihnen passt. Es gibt keine Entscheidung ohne Emotionen.

Spüren Sie eine angenehme Aufregung im Bauch.

Oft erleben Menschen eine Lebensstiländerung als anstrengend, krisenhaft und angstauslösend und daher auch ohne nachhaltige Wirkung. ***Die Umstellung von Essen und Bewegung muss als lösbare Aufgabe erscheinen, die verlockend und aussichtsreich ist.*** Jedes Wort kann das Vorhaben unterstützen oder blockieren. Sprachmuster steuern Emotionen und erzeugen innere Bilder. Das, was wir hören und sprechen, wird mit Gefühlen bewertet. Welche Bilder gehen durch Ihren Kopf bei dem Wort „Ernährung"? Die Ernährungspyramide, der letzte Blutbefund, Vitaminpräparate oder ein Vortrag, den Sie gehört haben? Welche Bilder haben Sie bei dem Wort „Essen"? Ihre Lieblingsspeise, das kommende Mittagessen, der Inhalt Ihres Kühlschranks oder ein geselliges Zusammensitzen mit Freunden? ***„Ernährung" erzeugt bei vielen eine automatische Stresssituation, verbunden mit schlechtem Gewissen.*** Während „Essen" allermeist positive Gefühle auslöst. D. h. also, auch ***über positiv bewertete Sprachmuster lassen sich positive Gefühle auslösen***, die wiederum mit Dopamin und Endorphinen zum Belohnungs- und Wohlfühleffekt führen. Negative Sprachmuster führen zu schmerzlichen Gefühlen. Unbewusste Prozesse bewirken über Adrenalin und Kortisol Stress,

Angst und Bedrohungsgefühle. „Ich muss mal Urlaub machen …" oder „Ich muss mich gesund ernähren, sonst …" sind ***mit Stress- und Angstfaktoren besetzte starre Modelle***, die ***häufig änderungsresistent*** sind. Auf Dauer führt das zu einem begrenzten Gefühlsleben. Während „Ich freue mich auf den Urlaub …" oder „Ich esse gerne gesund …" ein flexibleres, freundlicheres Weltmodell abbilden.

Achtsamkeit für „was mir gut tut"

Anstehende ***Veränderungen*** werden als ***Herausforderungen*** interpretiert, die auch gemeistert werden können. In der Folge wird man durch die Aktivierung der selbstwertstärkenden Botenstoffe mit ***Glücksgefühlseffekten*** belohnt. Das Ess- und Bewegungsverhalten lässt sich leichter verändern, da die Achtsamkeit für „was mir gut tut" wächst. Es kommt zu einer Spannungslösung und einer als angenehm empfundenen Wirkung. ***Die Fähigkeit zur Selbststeuerung lässt sich durch bewusstes Sprachtraining fördern***: „Wollen, mögen, möchten" unterstützen die ***Selbstwertstärkung*** und damit verbunden eine ***Flexibilisierung des Verhaltens***. Während „müssen und sollen" die Fremdbestimmtheit einzementieren.

„Wollen, mögen, möchten"

Selbstwertsteigernde Sprachmuster können mit etwas Übung aufgebaut werden. Sie sprechen auf unbewussten Kanälen das Selbst eines Menschen an und aktivieren so positive Gefühle. Damit werden über die Anerkennung des Selbst die natürlichen Ressourcen

von Blockaden befreit, die Selbstmanagementfähigkeiten werden gesteigert und die Lern- und Veränderungsmotivation wird gestärkt.

Nehmen Sie sich einen Zeitraum vor (die nächsten 2 Tage, 1 Woche ...), in dem Sie versuchen, JA zu bevorzugen und NEIN/NICHT durch andere Formulierungen zu ersetzen.

Beispiel:
„Darf ich Ihnen ein Glas Wasser oder Tee anbieten?"
„Ja, gerne ..."
„Vielleicht etwas später ..."
„Das ist sehr nett von Ihnen, im Moment habe ich genug getrunken ..."

Nehmen Sie sich einen weiteren Zeitraum vor, in dem Sie bewusst „müssen und sollen" gegen „können, wollen, mögen" tauschen.

Menschen neigen häufig dazu, Anregungen oder Kritik als bedrohlich zu empfinden und darauf mit Verteidigung und Rechtfertigung zu reagieren. Häufige Sprachmuster sind „Ja, aber". Zu den ***Verteidigungssprachmustern*** zählen genauso: trotz, trotzdem, nur, aber, doch, dennoch, jedoch.

Nehmen Sie sich wieder eine bestimmte Zeitspanne vor, in der Sie Verteidigungssprachmuster durch andere Formulierungen ersetzen.

Beispiel:
„Gefällt Ihnen das Hotel?"
Alte Antwort: „Ja, es ist ganz ok, ABER ... die Betten, das Wetter, das Essen ..."
Neue Antwort: „Ja, es gefällt mir gut. Das Wetter ist angenehm und es gibt sogar frische Früchte zum Frühstück."
Neue Antwort: „Ja, ich bin recht zufrieden. Beim Frühstück könnte das Hotel die Auswahl noch verbessern."

Teil 4 LOSLEGEN UND DRANBLEIBEN

„Wie soll man erklären, dass der menschliche Geist, der doch fähig ist, Sinfonien zu komponieren oder Sonden auf den Mars zu entsenden, bei der Veränderung eigener Verhaltensgewohnheiten versagt?" (François Lelord, Christophe André).

Essverhalten verändern zu wollen, ist ein Kampf auf mehreren Ebenen.

Ein Verhalten, das über viele Jahre besteht, ändern zu wollen, ist oft eine schwierige Angelegenheit. Nur allzu leicht kommen einem die mitunter auch liebgewonnenen ***alten Gewohnheiten in die Quere***. Das Essverhalten verändern zu wollen, ist ein Kampf auf mehreren Ebenen. Auf der einen Seite hat man mit dem allabendlichen Knabbern auf dem Sofa ein permanentes Wiederholungstraining absolviert. ***Die Wahrscheinlichkeit, dass wir diese Angewohnheit hinterfragen und mit ihr brechen, sinkt von Jahr zu Jahr.*** Auf der anderen Seite haben wir es mit unserem Stoffwechsel zu tun, der aus mehreren unterschiedlichen Gründen darauf bedacht ist, die Chips vor dem Fernseher lautstark einzufordern. Es scheint nicht zu genügen, sich einfach klarzumachen, wie nützlich, erfreulich oder gesund tägliches Radfahren für unser Leben wäre.

Im Grunde wählt man zwischen ***zwei Übeln***. 1. Übel: Die alten, belastenden ***Gewohnheiten beibehalten***. 2. Übel: ***Neues Ausprobieren.*** Jede neue Situation bringt gleichzeitig ***Unsicherheiten*** mit sich, während die altbekannte, so schwierig sie auch sein mag, Sicherheit bietet.

Hinterfragen Sie, warum Sie abnehmen wollen.

Hinterfragen Sie, warum Sie abnehmen wollen. Werden Sie sich klar darüber, was Ihre Motivation dabei ist. Bleiben Sie nicht bei der ersten Antwort, sondern gehen Sie noch ein bis zwei Schritte weiter. Sie wollen abnehmen, um sich fitter zu fühlen? Warum wollen Sie sich fitter fühlen? Damit Sie beim nächsten Wandertag mithalten können? Was ist Ihnen so wichtig daran, mithalten zu können? Nicht ausgelacht werden, dabei zu sein … ***Analysieren Sie Ihr Vorhaben möglichst genau***.

Jede Münze hat zwei Seiten. Genauso ist es mit dem Übergewicht. Es gibt einen ganz bestimmten Grund, warum Sie sich entschieden haben, so zu sein, wie Sie sind, auch wenn Ihnen dieser Grund nicht bewusst zugänglich ist und es keinen konkreten Entscheidungsmoment dafür gegeben hat. ***Versuchen Sie, diesen unbewussten Gründen auf die Schliche zu kommen.*** Vielleicht haben diese Gründe in Ihrem Leben schon lange keine Relevanz mehr. Sie haben als Teenager zu viel zu gegessen und hemmungslos genascht, weil die Kontaktaufnahme mit dem anderen Geschlecht nicht so gut geklappt hat und Sie aufgrund der dicken Brille zu den Außenseitern gehörten? Mittlerweile tragen Sie Kontaktlinsen und leben zufrieden in einer Beziehung? Das Naschen vor dem Fernseher ist aber gleich geblieben? Die ***bequemen Gewohnheiten*** werden oft aufrechterhalten, obwohl sie ***keinen Sinn mehr*** ergeben.

Mit dem Naschen oder Essen ist es besonders schwierig, weil sich gleichzeitig Ihr Körper an die tägliche Zufuhr von Gummibärchen und Schokolade vor dem Fernseher so sehr gewöhnt hat, dass er diese Gewohnheit mit Vehemenz einfordern wird. Von wegen Karottensticks und Brokkoliröschen – süß und fett muss es sein. Es könnte aber auch durchaus sein, dass Sie den ursprünglichen Grund gegen einen neuen getauscht haben. ***Was ist Ihr „Vorteil", den Sie jetzt durch das Zuviel an Gewicht haben? Überlegen Sie, welche Vorteile Sie früher und welche Sie heute haben.*** Möglicherweise kommen Sie zu dem Schluss, dass sich ***hinter dem Wunsch***, ***Gewicht zu reduzieren***, ***etwas ganz anderes verbirgt***. Haben Sie wirklich die Absicht, abzunehmen und Ihr Leben zu verändern, oder sind Sie im Innersten vom positiven Nutzen gar nicht so überzeugt? Oder möchten Sie den einen oder anderen „Vorteil" gar nicht missen?

Aller Anfang ist schwer.

Aller Anfang ist schwer. Zum einen brauchen Sie ***anfangs*** einen enormen ***Kraftaufwand***. Zum anderen ist der ***spürbare Gewinn bescheiden***. Nur wenn Sie kontinuierlich weitermachen und dranbleiben, erreichen Sie den ***magischen Punkt***, wo das Investment sinkt und der ***Gewinn*** zu ***steigen*** beginnt. Ihre Fitness nimmt zu, Selbstüberwindung und investierte Kraft nehmen ab. Wenn Sie diesen Punkt erreicht haben, ist es unwahrscheinlich, dass Sie wieder umkehren. In der Anfangsphase ***bis zum magischen Gewinnpunkt*** ist das neue Vorhaben allerdings ***stark „ausredegefährdet"***. Ein kurzer Selbsttest verrät Ihnen, ob Sie bereits am Gewinnpunkt angekommen sind: Sie werden zur Ausnahme gezwungen, weil Ihr Kind fiebernd im Bett liegt und sonst niemand die Betreuung übernehmen kann ... wenn Sie jetzt das Gefühl haben, es fehlt Ihnen etwas, wenn Sie nicht in

Ihre Fitnessstunde gehen, dann haben Sie wahrscheinlich den magischen Punkt erreicht. Wenn Sie dagegen eine Erleichterung verspüren, dass Sie dieses Mal nicht hinmüssen, dann sind Sie noch auf dem Weg.

Organisationstipps für Ausredefreudige

⇨ Machen Sie sich den ***Anfang leicht***! Beginnen Sie nicht mit der schwierigsten Veränderung. Fangen Sie dort an, wo Sie sich ein ***schnelles Erfolgserlebnis*** abholen können. Und gehen Sie Ihr Vorhaben stückchenweise an.

⇨ Nutzen Sie die Kraft des ***Rhythmus*** und bleiben Sie ***trotz Ausnahmen am Ball***! Um eine neue Gewohnheit zu schaffen, braucht es die ständige und rhythmische Wiederholung.

⇨ Planen Sie vor. Organisieren Sie sich ***gesunde „Notsnacks“***, die verhindern, dass Sie in eine Heißhungerattacke rutschen. Überlegen Sie ***Alternativen***, wenn die beste Freundin keine Zeit für die gemeinsame Nordic-Walking-Runde hat. Vielleicht nutzen Sie die Gelegenheit, um eine halbe Stunde früher aufzustehen und einen schnellen Spaziergang vor dem Frühstück zu machen.

Wir müssen **konkrete Pläne** machen, um für den Fall der Fälle gewappnet zu sein. Die „barrierefreie Strategieplanung" ist der wirkungsvollste Trick, um die Hürden klein zu halten. Gut, dass man das Sportzeug schon sichtbar bereitgelegt hat, wenn man zu lustlos ist, abends nochmals rauszugehen.

Zutrauen in die eigene Veränderungskompetenz

Eine Studie untersuchte die Methode mit circa 1.000 Rehabilitationspatienten. Am erfolgreichsten schnitt die Gruppe ab, die dazu angehalten worden war, sich mögliche ***Hindernisse auszumalen*** und für diese Fälle ***Alternativpläne*** zurechtzulegen – und das ***so detailliert und exakt wie möglich***. Diese Methode eignet sich vor allem dann, wenn das Zutrauen in die eigene Veränderungskompetenz noch wackelt. Aber auch wer die Expertenratschläge noch so eifrig beherzigt und hochgradig motiviert in die Sache geht – ***der Rückfall ist vorprogrammiert***. Kaum jemand schafft eine grundlegende Veränderung, ohne Rückschläge in Kauf nehmen zu müssen. Vieles im Leben lernen wir, indem wir nach einem Rückschlag wieder aufstehen und von Neuem beginnen. Aber bei jedem vermeintlichen ***Scheitern lernen wir dazu*** und können das Gelernte beim nächsten Mal anwenden. Lassen Sie ***Rückschläge nicht an Ihrem Selbstbewusstsein*** nagen („Ich schaffe das sowieso nicht"), sondern anerkennen Sie, dass ***gelegentliche Rückschritte dazugehören*** und Sie in Ihrem Veränderungsprozess dennoch ein Stück weiterbringen. Durchschnitt-

Rückschlag? Aufstehen und neu beginnen

lich braucht es ***fünf bis sechs Anläufe***, bis das (Etappen-) Ziel erreicht wird. Ein Ausrutscher ist kein Zeichen von Schwäche oder Willensschwäche, sondern Anlass, das Vorhaben zu verfeinern: Was genau hat geknirscht? Was lerne ich daraus? Wie kann ich den Ausrutscher das nächste Mal vermeiden?

Ein Ausrutscher ist kein Zeichen von Willensschwäche, sondern Anlass, das Vorhaben zu verfeinern.

Mit der Zeit werden Sie Ihre persönlichen **Risikosituationen kennen**. Wenn z. B. Geschäftsessen oder die Einladung bei der Schwiegermutter potenzielle Situationen sind, in denen Sie alle Ihre guten Vorsätze vergessen und mehr essen, als Sie eigentlich vorhatten, sollten Sie sich schon davor überlegen, wie Sie an die Sache herangehen.

Überlegen Sie, warum diese Situation zu einer Risikosituation für Sie werden kann. Vielleicht, weil Sie den ganzen Tag nichts essen und dann schon so hungrig sind, dass Sie bereits das Brot auf dem Tisch mit Heißhunger verschlingen? Oder weil Sie das Gefühl haben, sich nach einem anstrengenden Arbeitstag etwas Gutes tun zu müssen und wenn dann noch jemand anderer bezahlt – perfekt? Wie ist das mit der Einladung bei der Schwiegermutter: Sie kocht auf, als hätten Sie alle schon wochenlang nichts gegessen. Nein-Sagen fällt Ihnen nicht nur bei der Schwiegermutter schwer? Oder wollen Sie sich einfach auf keine Diskussionen einlassen, um den Ort wieder möglichst schnell verlassen zu können?

Sie haben zwei Möglichkeiten: 1. Sie meiden die Situation bewusst. 2. Sie überlegen sich eine Strategie, wie Sie damit umgehen, weil die dauerhafte Vermeidung weder für die Arbeitsbeziehungen noch für das Familienleben dienlich ist. Ein Strategie könnte sein, vor dem Geschäftsessen den Hunger nicht zu groß werden zu lassen. Oder Sie könnten mit der Schwiegermutter ausmachen, dass Sie nur auf Kaffee und Kuchen vorbeikommen. Oder noch besser: Eine Runde mit ihr spazieren gehen, statt zum Essen zu kommen. Nehmen Sie sich Zeit, ***sammeln Sie Ihre Risikosituationen*** und überlegen Sie, wie Sie diese Situation gut überbrücken können. Aber bleiben Sie bei Ihren Lösungen realistisch: Wenn Sie das Bekochtwerden genießen, dann gönnen Sie es sich auch – und steuern am Tag davor oder danach dieses eine Event aus, indem Sie sich mehr bewegen und leichter essen als sonst.

Richtig belohnen

Wir müssen den Belohnungsaufschub lernen wie Kinder.

Sind Sie gewappnet für den Fall, dass die Lust nachlässt, die Versuchung lockt oder etwas dazwischenkommt? Wir müssen den Belohnungsaufschub lernen wie Kinder. Denn jetzt auf das Stück Kuchen zu verzichten, heißt nicht, dass man am nächsten Tag eine kleinere Hosengröße hat. Daher dürfen Sie sich anfangs für erreichte Ziele belohnen. Allerdings belohnen Sie sich nicht für abgenommene Kilos. „Wenn ich 5 kg abgenommen habe, gehe ich shoppen". **Die Gewichtsabnahme ist dann schon die eigentliche Belohnung.** Würden Sie sich für abgenommene Kilos belohnen, belohnen Sie im Grunde Ihren Stoffwechsel. **Belohnen Sie sich für erreichte Ziele**. Sie würden auch nicht auf die Idee kommen, sich zu belohnen, weil Sie schwitzen, wenn es heiß ist, aber vielleicht dafür, dass Sie daran gedacht haben, genug zu trinken. Auch für die gute Idee und die Überwindung, etwas Neues auszuprobieren, haben Sie eine Belohnung verdient. Und ja, die Belohnung darf auch ein besonders gutes Stück

Schokolade sein, das Sie sich schon lange wünschen. Wenn Sie beim nächsten Mal wieder auf eine kalorienfreie Alternative zurückgreifen. Vielleicht wollten Sie sich schon lange einen Haarschnitt beim Starfrisör gönnen. Alles, was Sie Überwindung auf Ihrem Weg zur Gewichtsreduktion kostet, ist eine Belohnung wert. ***Belohnung soll aber nur die Überbrückung sein, bis sich Ihr neuer Lebensstil besser anfühlt*** und so normal und gewohnt geworden ist, dass Sie ihn nicht mehr gegen Ihren alten eintauschen wollen.

An den Start

Bringen Sie neue Erfahrungen in Ihr Leben!
Essen und trinken Sie genussvoll!
Bewegen Sie sich täglich!
Vom Reden zum Tun!

Bringen Sie neue Erfahrungen in Ihr Leben!

Solange Kortisol im Blut ist, wird Ihr Körper sich von keinem Gramm trennen.

Ändern Sie die Sitzordnung am Familienesstisch oder machen Sie dem Kollegen ein kleines Geschenk. Überraschen Sie Ihre Kinder mit einem Ausflug ins Schwimmbad. Fangen Sie an, Freude am Leben zu entwickeln – die ***positiven Gefühle wirken auf Ihr Wohlbefinden***, und wenn Sie sich gut fühlen, können Sie abnehmen. Solange das Stresshormon Kortisol im Blut herumschwimmt, wird Ihr Körper sich von keinem einzigen Gramm Körpergewicht trennen wollen. Je beweglicher Sie in Ihrem allgemeinen Verhalten sind, umso leichter wird es Ihnen fallen, auch die Gewohnheiten, die unmittelbar mit Essen und Bewegung zu tun haben, zu verändern. Genießen Sie Ihr Leben – jetzt gleich, und nicht erst, wenn Sie die gewünschten Kilos abgenommen haben.

Genießen Sie Ihr Leben jetzt, nicht erst, wenn Sie abgenommen haben.

Wenn Sie traurig, wütend oder im Stress sind, wirkt Essen als Entlastung der emotionalen Belastungssituation. Meistens sind die kleinen Gaumenfreuden einfacher zur Hand als eine Freundin, die tröstet, oder ein warmes Bad, das der Seele schmeichelt. Der Schokoriegel passt in jede Handtasche und in jede Schreibtischlade.

Doch mit der kleinen Leckerei ist die Situation, die zum Naschen verführt hat, nicht gelöst. ***Essen eignet sich hervorragend, um negative Gefühle in Schach zu halten.*** Allerdings nur bis zum nächsten Schritt auf die Waage oder bis zum Anprobieren der alten Jeans – dann ist der Frust vorprogrammiert. Wer dann, ***statt*** die ***Laufschuhe*** aus ihrer Sinnkrise zu befreien, wieder zum ***Kuchen*** greift, ***bleibt im Frust-Essen-Kreislauf*** gefangen. Wer abwechslungsreich und flexibel lebt, hat auch in dieser Situation bessere Karten, etwas Neues auszuprobieren. Beim Abnehmen entscheiden die Gefühle über den Verstand. Grund genug, der Entstehung von positiven Gefühlen besonders viel Beachtung zu schenken.

Beim Abnehmen entscheiden die Gefühle über den Verstand.

Essen und trinken Sie genussvoll!

Gesund essen ist nicht kompliziert.

Lassen Sie sich von den verschiedensten ***Ernährungs- und Diätkonzepten nicht verwirren***. Gesund essen ist nicht kompliziert. Bauen Sie möglichst oft Obst, Gemüse und Salat in Ihren Speiseplan ein. Dadurch werden Sie satt, ohne Kalorien zählen zu müssen. Der Vorteil ist, dass diese Lebensmittel sehr viel Wasser enthalten und dadurch die Menge auf dem Teller trotzdem ansehnlich bleibt. Es ist nicht so wesentlich, ob das Gemüse gekocht oder roh ist. Hören Sie auf Ihren Körper und Geschmack. ***Machen Sie es so, wie es Ihnen***

schmeckt und wie es Ihnen gut tut. Wenn Sie die eine Gemüse- oder Obstsorte nicht vertragen, greifen Sie zu einer anderen. Trinken Sie ***hauptsächlich Wasser***. Bei den Mahlzeiten verführt das Trinken von süßen Limonaden und Fruchtsäften dazu, dass man mehr isst, als man möchte. Abgesehen davon, ist und bleibt Wasser der beste und billigste Durstlöscher.

Achten Sie insgesamt auf Ihre ***Portionsgrößen***. Kaufen Sie kleinere Verpackungseinheiten. Menschen mit Übergewicht neigen dazu aufzuessen – egal, wie viel auf dem Teller liegt oder wie groß die Pizza ist. ***Starten*** Sie mit einer ***kleinen Portion*** und wenn Sie, nachdem Sie langsam und genussvoll gegessen haben, noch hungrig sind, nehmen Sie nach.

Vermeiden Sie möglichst oft ***vorgefertigte Lebensmittel***. Entdecken Sie die ***Lust am Einkaufen*** und ***Kochen***. Eine gut überdachte Vorratshaltung schützt davor, bei großem Hunger den Pizzadienst anzurufen.

Kochen bedeutet nicht, dass Sie stundenlang in der Küche stehen müssen. Viele Gerichte lassen sich einfach und gesund zubereiten. Machen Sie das ***gemeinsame Essen*** in der Familie oder mit Freunden zu einem fixen ***Ritual***. Ganz nebenbei führt der Austausch von Alltagserlebnissen zum ***langsameren Essen*** und einer ***deutlich spürbaren Sättigung***.

Bewegen Sie sich täglich!

Bewegung und Sport sind aus mehreren Gründen wichtig, wenn Sie Gewicht reduzieren möchten. Einerseits ***verbrennen*** Sie ***Kalorien***, die Sie loswerden möchten. Andererseits werden ***Muskeln*** aufgebaut, die Sie auch im Schlaf mehr Energie verbrauchen lassen. Ganz abgesehen von den positiven Effekten auf den Körper, hat Bewegung aber auch den ganz entscheidenden Vorteil, dass Sie dabei das ***Stresshormon Kortisol abbauen***. Kortisol steht dem Abnehmen ganz wesentlich im Weg. Günstig ist es, wenn Sie eine ***Mischung aus Ausdauersport und Krafttraining in Ihren Alltag einbauen***. Wichtig dabei ist, dass der ***Spaß im Vordergrund*** steht und die verlorenen Kilos auf der Waage zur willkommenen Begleiterscheinung werden.

Aber auch jede zusätzliche Stufe, die Sie erklimmen, oder jeder zusätzliche Meter, den Sie zu Fuß gehen, trägt wertvoll zu Ihrem Wohlbefinden bei und unterstützt Ihr Vorhaben abzunehmen positiv. ***Vermehrte Alltagsbewegung*** lässt sich auch bei knappem Zeitbudget oder zu großer Ausredekreativität leicht verwirklichen. Auch

hier gilt: Haben Sie Freude dran. Wenn Sie lieber im Grünen spazieren, finden Sie vielleicht einen Park, durch den Sie auf dem Heimweg ein Stück gehen können. Oder vielleicht haben Sie mehr Freude an einer belebten Einkaufsstraße. Es ist egal, wie Sie in Bewegung kommen – ***Hauptsache, Sie kommen in Bewegung!*** Damit schließt sich der Kreis zu den ***neuen Erfahrungen***, die in Ihr Leben einziehen. Wenn Sie sich bewegen, übernehmen Sie ***Initiative für sich und Ihren Körper*** und darum geht es beim Abnehmen ganz wesentlich.

Vom Reden zum Tun!

Gewicht zu halten oder Gewicht abzunehmen ist meistens ein lebenslanger Prozess. Noch dazu ein ganz individueller und persönlicher. Es gibt viele Wege, um das Ziel, die Gewichtprobleme entsorgen zu können, zu erreichen. Dabei ist es weniger wichtig, den ExpertInnenratschlägen oder Tipps von FreundInnen, die es scheinbar geschafft haben, punktgenau zu folgen, als seine eigene Strategie zu entwickeln. ***Es gibt keine „guten" und „bösen" Lebensmittel.*** Dementsprechend müssen Sie sich auch nicht „gut" oder „schlecht" fühlen, wenn Sie Obst und Gemüse oder ein Stück Torte gegessen haben. Sicher, ***manche Lebensmittel liefern mehr Energie als andere, manche sind für den Körper ziemlich wertlos, nähren aber die Seele***. Vertrauen Sie darauf, dass Körper und Seele wissen, was sie brauchen. Und ***versorgen Sie Ihre Seele öfter mit erfreulichen Erlebnissen*** und Taten als mit Nahrungsenergie. Lassen Sie Essen stehen, wenn es Ihnen nicht schmeckt, und gönnen Sie es sich, ein Stück Kuchen zu kaufen, aber die Hälfte davon übrig zu lassen. Machen Sie es wie diejenigen, die mit ihrem Gewicht zufrieden sind:

Körper und Seele wissen, was sie brauchen.

„Ich esse selten, damit es mir besser geht. Wenn ich mir selbst Gutes tun will, dann lese oder schreibe ich."

„Manchmal mache ich mir eine heiße Tasse Tee oder eine warme Milch und esse Kekse dazu. Oder ich nehme ein Bad, gehe zur Kosmetikerin oder kuschle mich ins Bett und sehe fern".

„Wenn es mir nicht gut geht, genehmige ich mir ein Glas Wein."

„Ich esse selten Schokolade. Lieber höre ich Musik oder meditiere."

„Essen ist für mich kein Trostmittel. Ich mache lieber Sport."

Wer schon viele Diäten gemacht hat, hat mitunter das Gespür verloren, welches Hungergefühl ihn gerade quält. Der ***psychologische Hunger ist die große Falle*** für alle, die mit dem Gewicht kämpfen. In diesem Buch finden Sie ***zahlreiche Anregungen und Zusammenhänge***, die Ihnen den Weg aus Ihren Gewichtsproblemen einfacher machen. Probieren Sie die Tipps der Reihe nach durch oder suchen Sie sich heraus, was am besten zu Ihnen passt – ***egal wie: Beginnen Sie – JETZT!***

LITERATUR

Teil 1 FAKTEN UND MYTHEN ZUM ÜBERGEWICHT

Das Bilanzproblem

Pudel V, Westenhöfer J: Das Prinzip der Energiebilanz. In: Ernährungspsychologie. Eine Einführung. 2. überarb. und erw. Aufl. Hogrefe-Verlag (1998).

Der Body-Mass-Index

Lobner K: Rund und g'sund ins hohe Alter? In: ernährung heute. Wien (2010).

Schneider HJ: The predictive Value of Different Measures of Obesity for Incident Cardiovascular Events and Mortality. Journal of Clinical Endocrinology and Metabolism, doi:10.1210/jc.2009–1584 (2010).

Die ausreichende Willenskraft

Olmsted MP, McFarlane T: Body Weight and Body Image. BMC Women's Health 4 (Suppl 1): S5 (2004).

Reinehr T: Komorbidität und Therapie der Adipositas im Kindes- und Jugendalter aus medizinischer Sicht. Ernährungs-Umschau 52, S. 354–358 (2005).

Adam O: Warum FDH allein nicht hilft. Neuroendokrinologische Aspekte der Adipositas. Ernährungs-Umschau 55, S. 648–654 (2008).

Die richtige Diät

Mörixbauer A, Groll M: Die 50 größten Diät-Lügen. Die gängigsten Irrtümer rund um Kilos, Kalorien und Schlankheitskuren. Krenn-Verlag (2005).

Die Gene

Lobner K: Auf Gesundheit programmiert. In: ernährung heute (2007).

Shengxu L et al: Physical Activity Attenuates the Genetic Predisposition to Obesity in 20.000 Men and Women from EPIC-Norfolk Prospective Population Study. PLoS Med 7 (8), e1000332. doi:10.1371/journal.pmed.1000332 (2010).

Der Suchtfaktor Essen

Dämon S: Suchtfaktor Essen. In: ernährung heute 4 (2010).

Ardelt-Gattinger E: Essverhaltensänderungen und die ironischen Prozesse des Gehirns. Vortrag und Abstract. 27. Ernährungskongress des Verbandes der Diaetologen Österreichs. Wien (2010).

Johnson PM, Kenny PJ: Dopamine D2 receptors in addiction-like reward dysfunction and compulsive eating in obese rats. Nat Neurosci 13 (5): p. 529–531 (2010).

Teil 2 ESSEN BEGINNT IM KOPF

Wie alles begann – gelernte Essgewohnheiten

Hoffmann R: Richtig Essen. Die Macht der Psyche. In: Die Zeit Wissen. (2008).

Derndorfer E: Warum wir essen, was wir essen. Eine Entdeckungsreise zum persönlichen Geschmack. Krenn-Verlag (2008).

Der Torten-Kreislauf

Brunn IM: Psychobiologische Aspekte des Hungerstoffwechsels. Ernährungs-Umschau 53, S. 430–434 (2006).

Stress lass nach

Zellner DA et al.: Food selection changes under stress. Physiol Behav 15; 87 (4): p. 789–793 (2006).

Epel E et al.: Stress may add bite to appetite in women: a laboratory study of stress-induced cortisol and eating behavior. Psychoneuroendocrinology 26 (1): p. 37–49 (2001).

Adam TC, Epel ES: Stress, eating and the reward system. Physiology and Behavior 91 (4): p. 449–458 (2007).

Peters A: The Selfish Brain: Stress und Essverhalten. Vortrag im Rahmen des 27. Ernährungskongressess des Verbandes der Diaetologen Österreichs. Neuro Nutrition. Wien (2010). Sowie: How the selfish brain organizes its supply and demand. Front. Neuroenergetics 2 (7), doi: 10.3389 (2010).

Pankevich DE et al.: Caloric Restriction Experience Reprograms Stress and Orexigenic Pathways and Promotes Binge Eating. J Neuro Sci 30 (48): 16399 – 16407, doi: 10.1523 (2010).

Weniger Schlaf, mehr Kilos

Alexandros N et al.: Short Sleep and Obesity: Are Poor Sleep, Chronic Stress, and Unhealthy Behaviors the Link? Sleep 31 (9): 1203 (2008).

Najib TA: If You Weigh Too Much, Maybe You Should Try Sleeping More. Sleep 33 (2): 143 (2010).

Essen gegen die innere Leere

Wunderer E: Essen gegen die Leere. Essstörungen erkennen, erklären und behandeln. Ernährungs-Umschau 54, S. 180–187 (2007).

Lobner K: Imitationsverhalten in guten und in schlechten Zeiten. In: ernährung heute (2007).

Zwischen hungrig und nie satt

Pudel V: Gezügeltes Essverhalten. In: Übergewicht und Adipositas. Hogrefe (2003).

Lobner K: Gezügelt zwischen hungrig und satt. In: ernährung heute (2008).

Sieben Wege ins Zuviel

Mörixbauer A, Groll M: Die 50 größten Diät-Lügen. Die gängigsten Irrtümer rund um Kilos, Kalorien und Schlankheitskuren. Krenn-Verlag (2005).

Petermann F, Pudel V: Übergewicht und Adipositas. Hogrefe (2003).

Ellrott T: Zunehmende Portionsgrößen – ein Problem für die Regulation der Nahrungsaufnahme. Ernährungs-Umschau 50 (9) S. 340–343 (2003).

Derndorfer E: Warum wir essen, was wir essen. Eine Entdeckungsreise zum persönlichen Geschmack. Krenn-Verlag (2008).

Die unbewusste Manipulation der Gefühle

Hüther G: Kann Essen glücklich machen? Die unbewusste nutritive Manipulation von Stimmungen und Gefühlen. In: Essen als Droge. Neurobiologische Effekte der Nahrung. Institut Danone für Ernährung (1999).

Rose N, Koperski S, Golomb BA: Chocolate and Depressive Symptoms in a Cross-sectional Analysis. Arch Intern Med 170 (8): p. 699–703 (2010).

Die Verführungskunst der Schokolade

Macht M: Essen und Emotion. Ernährungs-Umschau 52 (8): S. 304–308 (2005)

Macht M: Tiramisu [ital. „heb mich hoch]. Der Einfluss des Essens auf unsere Stimmung und umgekehrt. Vortrag im Rahmen der VEÖ-Tagung „Wenn der Bauch beim Essen denkt …“ Ernährung aus psychologischer Perspektive, Wien (2009).

Lobner K: Schoko: Trost aus der Lade. In: Ernährung am Arbeitsplatz. Richtig Essen und Trinken im Berufsleben. AKNÖ, Wien (2010).

Teil 3 GENUSSFÄHIGKEIT GEWINNEN

Voller Geschmack leicht gemacht

Kokkinos A et al.: Eating Slowly Increases the Postprandial Response of the Anorexigenic Gut Hormones, Peptide YY and Glucagon - Like Peptide - 1. J Clinl Endocrin Metab doi: 10.1210/jc.2009-1018 (2009).

Mörixbauer A, Groll M: Die 50 größten Diät-Lügen. Die gängigsten Irrtümer rund um Kilos, Kalorien und Schlankheitskuren. Krenn-Verlag (2005).

Lobner K: Starke Kinder lernen essen. Krenn-Verlag (2007).

David M. Cutler et al. „Why Have Americans Become More Obese?" Journal of Economic Perspectives 17 (3), p. 93–118, in Pollan M. In: Defense Of Food. Penguin Books (2008).

Morewedge CK, Huh YE, Vosgerau J: Thought for Food: Imagined Consumption Reduces Actual Consumption. Science 330 (6010), 1530–1533, doi: 10.1126 (2010).

Lust auf Bewegung

Shengxu L et al.: Physical Activity Attenuates the Genetic Predisposition to Obesity in 20.000 Men and Women from EPIC-Norfolk Prospective Population Study. PLoS Med 7(8): e100032. doi:10.1371/journal.pmed.1000332 (2010).

Schlicht D, Schumann-Schmid B: Zur Effektivität der Sporttherapie bei Erwachsenen mit Adipositas. Bewegungstherapie und Gesundheitssport 23: S. 105–113 (2007).

Catenacci VA, Wyatt HR: The Role of Physical Activity in Producing and Maintaining Weight Loss. Nat Clin Endocrinol Metab 3: p. 518–529 (2007). In: Keller U. Reguliert Sport den Appetit. ernährung heute 2 (2009).

Cvitkovich-Steiner H, Gruber M: Die f.eh-Bewegungspyramide: Anleitung für einen aktiven Lebensstil. In: ernährung heute 6 (2006).

Cvitkovich-Steiner H: Fatburning. In: ernährung heute 2 (2006).

Putscher C: Der optimale Trainingseffekt durch richtiges Ess-Timing. In: ernährung heute 1 (2005).

Gute Gefühle fördern

Fleischhut J: Gesundheitsverhalten im Spiegel der Neuropädagogik. Ernährung im Fokus 10–04 (2010).

Lobner K: Schokoautobahn im Gehirn. In: ernährung heute 4 (2010).

Seligman M: Der Glücks-Faktor. Warum Optimisten länger leben. Bastei Lübbe (2005).

Jetzt NEU!

DAS STEVIA-BACKBUCH

Das Süßungsmittel Stevia steht kurz vor der Zulassung als Lebensmittelzusatzstoff und ist bereits seit einigen Jahren in Reformhäusern erhältlich. Doch wie bereitet man Süßspeisen und Backwaren mit Stevia-Produkten zu? Gina Martin-Williams bäckt seit vielen Jahren mit Stevia und veröffentlicht nun erstmals ihre Lieblingsrezepte, die besonders leicht sind: Ihre Kuchen, Kekse & Plätzchen, Torten und Desserts sind nicht nur mit Stevia gesüßt, sondern auch mit besonders wenig Fett zubereitet – und schmecken trotzdem richtig gut! Alle Rezepte sind kalorienberechnet.